Stefan Pabeschitz

Die Grüne Farce

Was Sie schon immer
über Öko-Phrasen wissen wollten.
Und warum es Ihnen bisher
niemand gesagt hat.

gefco

Stefan Pabeschitz
Die Grüne Farce

Umschlaggestaltung/Satz: Günther Frank
Druck: Christian Theiss GmbH, St. Stefan im Lavanttal
Auslieferung für Österreich: Mohr-Morawa, Wien

ISBN: 978-3-9503235-7-3

www.gefco-verlag.at

Inhaltsverzeichnis

Prolog Seite 7

Phrase 1: *»Zur Erreichung der Klimaziele muss der Individualverkehr eingeschränkt werden«* Seite 11

Phrase 2: *»Schon unsere Vorfahren waren Vegetarier«* Seite 19

Phrase 3: *»Die digitale Revolution wird eine bessere, saubere Welt schaffen«* Seite 25

Phrase 4: *»Umweltzonen tragen maßgeblich zur Hebung der Luftqualität bei«* Seite 31

Phrase 5: *»Umweltschutz und Fleischkonsum vertragen sich nicht«* Seite 39

Phrase 6: *»Bevor es Autos gab, waren unsere Städte viel lebenswerter«* Seite 45

Phrase 7: *»Die Motorisierung Asiens potenziert die weltweite Umweltbelastung«* Seite 53

Phrase 8: *»Das Elektroauto ist die sofortige Lösung für eine saubere Mobilität«* Seite 59

Phrase 9: *»Die Energiewende wird auch die Gesellschaft revolutionieren«* Seite 69

Phrase 10: *»Bio garantiert gesunde Lebensmittel, die tiergerecht und umweltschonend erzeugt werden«* Seite 75

Epilog Seite 83

Danksagung Seite 89

Quellen-Nachweis Seite 91

Meinungen sind
frei. Oft auch frei
von Wissen.

»Wird der Schmutz
nicht beseitigt, wechselt er
nur den Menschen.«

Manfred Hinrich,
Autor & Journalist, 1926–2015

Prolog

Wer meint, dieses Buch anhand des Titels als Standardwerk für eifernde Populismus-Anhänger, sture Klimawandel-Leugner und ewig vorgestrige Vertreter des Macht-euch-den-Planeten-untertan-Mythos zu identifizieren, liegt falsch. Falls Sie, der oder die es jetzt gerade in Händen halten, zu einer dieser Gruppen oder meinetwegen auch allen zusammen gehören: Dieses Buch ist nichts für Sie. Wenn Sie es trotzdem lesen, wird der Inhalt vermutlich Ihr Weltbild beleidigen. Eventuell legen Sie es besser rasch weg, bevor Sie sich nur ärgern und dann Trost bei Ihren ähnlich gestrickten Freunden auf irgendeiner Verschwörungs-Plattform suchen müssen. Denn es geht hier um Umweltschutz – und um die Philosophie, die theoretisch dahinter steht, stattdessen aber leider oft davor im Weg.

Falls sie am anderen Ende des Spektrums daheim sind, also womöglich ein praktizierender Überzeugungs-Grüner, dann wird Ihnen ebenfalls nicht schmecken, was auf den folgenden Seiten steht. Für Sie ist womöglich sogar ein Warnhinweis angebracht: »*Achtung, dieses Buch ist eine gezielt bösartige, oft unernste, aber dennoch auf Fakten ausgerichtete Abhandlung, die damit im Widerspruch zu fast allem steht, woran Sie glauben*«. Sie werden das nicht mögen. Allerdings besteht die Aussicht, dass es Sie zum Nachdenken anregt. Sofern Sie zumindest bereit sind, darüber zu diskutieren. Vielleicht sollten Sie es versuchen.

Wenn Sie dagegen der Restgruppe unvoreingenommener Menschen angehören, denen nicht alles auf diesem Planeten hinten vorbeigeht, Sie aber das Gefühl haben, dass so einiges nicht stimmen kann, was da ständig kolportiert und postuliert wird, werden Sie diesem Buch etwas abgewinnen können. Vieles, was hier erklärt wird, ist vielleicht überraschend

– weil darüber doch ständig anderes erwähnt und gemeint wird. Genau da liegt nämlich das Problem.

Die grüne Farce, die hier seziert und aufgerollt wird, bildet in etwa das Meinungs-Grundgerüst der ökologisch interessierten oder sogar orientierten Bevölkerung. Was schlimm ist. Die Mehrheit davon würde vermutlich jeden ihrer Leitsätze nach bestem Wissen und Gewissen bestätigen. Weil das jahrelange ökosoziale Stille-Post-Spielen es so eingeträufelt hat. Auch das viel zu oft unreflektierte Meinungsgetrommel vieler Medien ist daran nicht unbeteiligt. Haben Sie dennoch Nachsicht mit meinen Kollegen – sie sind schlecht bezahlt, wenig motiviert und erfahren kaum positives Feedback, wenn sie sich mit Recherchieren und Prüfen von Fakten anstrengen. Alles zusammen nichts, was zu mehr anstiftet, als wiedergekäute Banalitäten mit dem stilistischen Brotmesser abzuhandeln.

Es ist dennoch lästig, wenn in Artikeln oder Reportagen Suggestiv-Behauptungen eingeflochten sind, wie sie auch die Kapitel in diesem Buch betiteln: »*Unsere sich vegetarisch ernährenden Vorfahren…*« oder »*Die erfolgreiche Verbesserung der Luftqualität durch Umweltzonen und Fahrverbote…*« oder »*Mit der positiven Auswirkung der digitalen Revolution auf Umwelt und Gesellschaft…*«. In welcher ideologischen Schnellbleiche die Urheber solcher Sätze auch gelegen sind, die banale Spiegelung der eigenen Lebensmodelle spricht nicht für sie. In urbanen Cliquen, wo sich viele Journalisten und manche Intellektuelle tummeln, gilt es natürlich als hip und modisch, kein Auto zu besitzen oder zu benutzen, vegetarisch-bewusst zu leben, im freien WLAN des Kooperative-Cafés die Segnungen der Digitalisierung zu erfahren – und vor allem eifrig darüber zu kommunizieren.

Dass die damit einhergehenden Prognosen sie unablässig blamieren, nehmen die Schreiber in Kauf. Wenn selbst in gut beleumundeten Nachrichtenmagazinen aus schillernden Privatperspektiven zum Thema Umwelt ergreifend falsche Argumentationsketten geknüpft werden, ist hervorragend erkennbar, dass der gebildete Autor zwar wohl eine Meinung, aber leider keine Ahnung hat. Intellekt ist keine Prophylaxe gegen Halbwissen – er eignet sich aber gut dazu, es geschickt zu verteidigen. Womit veröffentlichte und öffentliche Meinung absolut nicht übereinstimmen müssen.

Das Thema Umwelt ist zu wichtig, um es nur den Meinenden zu überlassen. Derzeit bewegen wir uns in maßgeblichen Problemfeldern auf der Stelle. Oder sogar rückwärts. Entweder, weil wir sie gar nicht kennen, oder weil uns die Sicht darauf von der Konzentration auf unergiebige Nebenschauplätze verstellt ist. Es braucht nicht viel intellektuelles Grundgerüst, um zu hinterfragen, wie glaubwürdig es ist, dass wir den Planteten ausgerechnet auf der Straße retten werden, oder wie sinnvoll die Maßnahmen sind, die wir dazu setzen. Einige der gängigen Phrasen sind harmloser – Placebos gegen den Weltschmerz, aber falsch. Zeit, sie loszuwerden und Fakten den Vortritt zu lassen. Es fühlt sich dann auch gleich besser an, ganz ehrlich!

Aus dem, was einmal eine Umwelt-Bewegung war, ist einerseits gesellschaftlicher Konsens, andererseits Politik geworden. Ein Abstieg. Die einen gefallen sich in der Pose des guten Öko, während das grüne Establishment Geschmack an der Sonnenseite der Macht gefunden hat. Um dort zu bleiben, hangeln sich Letztere umsichtig mit dem Bedienen gefestigter Meinungsbilder der Ersteren von einer Wahl zur nächsten. Es geht in diesem Buch aber ausdrücklich nicht um Politik. Es sei denn in dem Sinn, dass einige dieser grünen Phrasen auch dem aktuellen politischen Neu-Sprech und Lenk-Denk entstammen können. Allein das sollte für gewöhnlich vorsichtig machen.

Es stimmt schon: Nicht alles, was die Mehrheit gut findet, muss es deswegen auch sein. Für die Meinung der Minderheit gilt das allerdings auch. ■

»Zur Erreichung der Klimaziele muss der Individualverkehr eingeschränkt werden«

Am Anfang steht immer eine Statistik. Der Veröffentlichung wichtiger Umweltdaten folgt unweigerlich die neurotische Choreographie der absehbaren Reaktionen. Hysteriker und Ignoranten, Leugner und Zwangs- Bekehrer, Verschwörungs-Theoretiker und Scharfrichter halten sich dabei etwa die Waage. Alle zusammen eignen sich bestens dazu, den objektiven Umgang mit dem Thema zu verklemmen. Dabei ist die Angelegenheit zu ernst, um sie funktionellen Paranoikern aller Schattierungen zu überlassen. Nicht wenige davon sind im Nebenberuf Inhaber politischer Ämter.

Wenn wir über Klimaziele sprechen, dann bedeutet das derzeit vorrangig: CO_2, also Kohlendioxid. Ein Gas, das unter anderem bei fossiler Verbrennung entsteht. Aber auch bei der Lungentätigkeit – wir alle atmen es aus. Pflanzen binden es bei der Photosynthese, Algen in ihrem Stoffwechsel ebenso, beide sind damit ein maßgebliches Gegengewicht für die Kohlendioxid-Bilanz. CO_2 ist ungiftig, farb- und geruchlos. Niemand bekommt deswegen Atembeschwerden oder wird davon krank.

Schon der gängige Begriff CO_2-Belastung ist irreführend, weil er so verstanden wird, als gäbe es eine unmittelbare, gesundheitsschädliche Auswirkung. Was nicht der Fall ist. Kohlendioxid reichert sich in der Atmosphäre an, deren natürlicher Bestandteil es ist. Ohne den dadurch erzeugten Treibhaus-Effekt würde die mittlere Temperatur auf der Erde etwa minus 18 Grad betragen und das Leben auf ihr äußerst unbequem sein. Sofern es angesichts solch äußerer Umstände nicht beschlossen hätte, sich lieber erst gar nicht zu entwickeln. Wie immer kommt es auch bei diesem Gas auf die Dosierung an, und eben die wird durch den Beitrag des Menschen kritisch erhöht.

Der Bericht des Weltklimarates bestätigt laufend, dass die vom Menschen verursachte Erderwärmung voranschreitet. Wer das in Frage stellt und glaubt, mehr Überblick zu haben, als sich hunderte Experten aus aller Welt in jahrelangen professionellen Beobachtungen und Forschungen verschaffen konnten, hat vitale Chancen, selbst ein Fall für die Wissenschaft zu werden – noch lange, bevor er einem möglichen Klima-Gau erliegen könnte.

Umso mehr zahlt es sich aus, die Verursacher zu identifizieren. Mit geringer Schwankungsbreite liegt der Anteil des Verkehrs an den vom Menschen verursachten CO_2-Emissionen in Europa aktuell bei etwa 27 Prozent. Das ist geringfügig mehr als beim letzten Klima-Kassensturz und damit kein Anlass zu selbstgefälligen Jubeltänzen – es könnte und sollte bedeutend weniger sein.

Die Forderung nach schärferen Maßnahmen für die Einschränkung des Straßenverkehrs scheint demnach ein vernünftiger Ansatz zu sein, das Problem in den Griff zu bekommen. Rückt damit das Erreichen der bisher verfehlten und sogar der künftigen, strengeren Klimaziele in greifbare Nähe? Bedauerlicherweise nicht. Weil schon der Wettlauf, wer sich die besseren Ideen zu Restriktionen und Auflagen für das Auto ausdenkt, in die falsche Richtung startet.

Das Missverständnis verfängt sich am Wort Verkehr. Unter dem Begriff versammeln sich Flug-, Bahn-, Tram-, Bus-, Lkw- und Liefer-Verkehr, Pkw und Einspurige. Alle zusammen verursachen die 27 Prozent. Immerhin sickert die Zahl leidlich in die Gehirnwindungen der Bürger – nur eben nicht, was sie tatsächlich bezeichnet: Darauf angesprochen antwortet die Mehrheit, das Auto sei für etwa ein Drittel der CO_2-Belastung verantwortlich. Was eben falsch ist – es ist der Verkehr insgesamt.

Wer das Dickicht der Statistiken und Aufschlüsselungen sorgsam filetiert, den Beitrag von Bahn-, Tram-, Bus-, Lkw-

und Lieferverkehr sowie Taxis abzieht, wird am Ende für Privat-PKW und Einspurige auf etwa ein Drittel vom Pauschalanteil des Verkehrs kommen – zirka neun Prozent der Gesamtbelastung. Die ideologische Dehnung durch betont boshaftes Rechnen liegt bei etwa ein bis zwei Prozent mehr, ist den Aufwand also nicht wert.

Die fleißig gewalkte Heilsbotschaft, der Planet würde gerettet, wenn wir auf das Auto verzichten, scheitert augenscheinlich an dieser Zahl. Selbst wenn ab sofort niemand mehr seinen PKW benutzt, wären immer noch 91 Prozent der vom Menschen verursachten CO_2-Emissionen übrig. Und auch dieser Wert bliebe unerreichbar, weil das Mobilitätsbedürfnis mit dem Verzicht auf das Auto nicht abgeschafft ist. Nach wie vor müssen alle zur Arbeit, zum Einkaufen, in die Schulen, zum Arzt. Der größte Inhaber an Fahrzeugzulassungen in Österreich ist mit über 5000 die Bahn – Infrastruktur lässt sich nun einmal nicht zu Fuß erhalten.

Das öffentliche Verkehrsnetz arbeitet eben nicht CO_2-neutral – auch wenn gerne so getan wird. Dazu hat es schlichtweg nicht die Kapazitäten, sämtliche Menschen zu befördern. Es müsste erst großzügig ausgebaut werden, was in diesem Umfang nicht ansatzweise finanzierbar ist – schon gar nicht, wenn der immense Steueranteil aus der Automobilwirtschaft entfällt. Und vor allem: Die notwendige Erhöhung des Verkehrsaufkommens im öffentlichen Bereich würde gut die Hälfte der so sauer errungenen neun Prozent CO_2-Reduktion kosten. Bleiben netto also etwa viereinhalb bitter erkämpfte Prozentpunkte, eine gesellschaftliche Rosskur mit unabsehbaren Folgen und ein praktisch gleich viel strapazierter Planet.

Trotz dieser offensichtlichen Unergiebigkeit visiert ein Großteil der gepriesenen Maßnahmen zur CO_2-Reduzierung, sittsam der Meinung der Halbwissenden gehorchend, allein auf den privaten PKW-Verkehr. Insgesamt entsteht so eine

Kette lebensunpraktischer Ideen, ein verschwitztes Gerangel um regionale Ausnahmezustände für ein globales Problem. Die unverstandene Eigenschaft des Kohlendioxids ist seine weltweite Wirksamkeit. Regional ist der CO_2-Ausstoß ohne Auswirkung, seine globale Summe zählt.

Dennoch wird er konsequent wie ein lokales Umweltproblem behandelt. Tempolimits auf Salzburger oder Tiroler Autobahnen werden als erfolgreiche Mittel zur Reduzierung der CO_2-Belastung gefeiert. Und der Bevölkerung als Gewinn an Lebensqualität verkauft, die sie ihren besorgten Politikern zu verdanken hat – nur, dass es diese Belastung gar nicht gibt. Im planetarischen Kontext ist eine vierprozentige Reduzierung des Kohlendioxid-Ausstoßes auf einem 12 Kilometer langen Autobahnstück in den Alpen nun einmal völlig unerheblich.

Die pompöse Inszenierung der gesunden, autofreien Welt verstellt den Blick auf das unausweichlich Wesentliche – nämlich auf die restlichen 91 Prozent der CO_2-Emissionen. Die Liste der dort anfallenden Beitragstäter entspricht in etwa einer Aufzählung von Eckpunkten der modernen Industriegesellschaft: Ein vom hypertrophen Konsumbedürfnis gedopter Güterverkehr, die Flug-Frequenz unbeschränkt und galoppierend ansteigend. Dazu eine Industrie, die CO_2-Emissionen gegen Zertifikate eintauscht statt sie konsequent zu reduzieren, und Heizanlagen, die bisher kaum Umweltschutz-Auflagen unterliegen.

So bedeutsam Kohlendioxid für den Klimawandel auch ist – dank der Fixierung darauf mogelt sich ein gewaltiger Verursacher ganz anderer, längst vergessen geglaubter Schadstoffe, aus fast allen Statistiken: der internationale Schiffsverkehr. Abseits des CO_2 verursachen die fünfzehn größten Containerschiffe der Welt in ihrem Jahresbetrieb den selben Schadstoffausstoß wie 800 Millionen Pkw. Was in etwa dem

Weltbestand an Autos entspricht, wobei 100 Millionen auf oder ab bei dieser Kalkulation tatsächlich keine Rolle spielen. Fünfzehn Stück gegen 800 Millionen. Was diese Schiffe an Treibstoff verfeuern, lässt sich am ehesten als irgendetwas zwischen Heizöl schwer und Teerschlamm definieren. Fossiler Brennstoff niedrigster Qualität, mit dem 3500-fachen Schwefelgehalt von PKW-Treibstoffen, dazu schwermetallbelastet, außerdem mit Asche und Sedimenten verunreinigt. Das alles mit archaischer Technik verheizt, die ungefiltert Abgase ausstößt. Kein Containerschiff verfügt über Katalysatoren oder gar Partikelfilter. Übrigens auch kaum ein Passagierschiff – eine Seereise entspricht je nach Alter und Bauart des Kreuzfahrt-Liners etwa den Emissionen von vierhunderttausend bis fünf Millionen Pkw auf derselben Strecke. Wer eine Kreuzfahrt bucht, kommt vielleicht nicht mit einem CO_2-Fußabdruck Marke Bigfoot zurück. Er hat aber dennoch eine Umweltbelastung mitzuverantworten, die er nicht einmal wieder gut machen kann, wenn er danach als postindustrieller Einsiedler in die Wälder zieht.

Das tatsächliche Ausmaß der Emissionen verschleiert, dass für die jeweiligen Klimaziele fast immer nur der in den Hoheitsgewässern des jeweiligen Landes ausgestoßene Anteil erfasst wird – also maximal innerhalb von zwölf Seemeilen, etwa 22,2 Kilometer. Außerhalb davon herrscht darüber schmutziges Schweigen. Womit praktisch jede Statistik, die uns erklären will, dass weniger Autofahren, ökologischer Heizen und nachhaltiger Leben etwas bewirkt, beinahe ins Lächerliche verzerrt wird.

In Norwegen, Betreiber der viertgrößten Handelsflotte der Welt und zumindest in der Selbstdarstellung erhabener Vorreiter in Sachen Ökologie, sind derzeit 1369 Transportschiffe registriert – auf die Tonnagen umgerechnet entspricht das etwa 80 Stück in der Größe der Big-15. Die Emissionen der norwegischen Handelsflotte allein betragen damit grob das

Fünffache dessen, was der Welt-Pkw-Bestand ausstößt. Das auf die globale Zahl an Container- und Transportschiffen von etwa 90.000 Stück umgelegt, gehen dem Rechner irgendwann die Nullen aus. Die Vision, den Planeten auf der Straße zu retten, ist nicht haltbar. Tatsächlich wird er, wenn überhaupt, auf den Meeren geheilt – oder gar nicht.

Deswegen auf einzelne Konsumentengruppen mit dem Finger zu zeigen und sich in Schuldzuweisungen zu üben, wer denn nun den größten Anteil am globalen Transport-Wahnsinn hat, ist unergiebig. Wir alle sind Teil der Konsumgesellschaft. Selbst wenn wir das so gut wie möglich zu vermeiden suchen – allein der allgegenwärtige Rohstofftransport hat so gewaltige Ausmaße, dass jede Detailverbesserung im Konsum-Bereich dagegen nichtig ist. Natürlich werden Treibstoffe und Pkw verschifft, sogar massenweise. Aber es fallen auch 99 Prozent der weltweiten Fahrradproduktion auf Asien. Oder 100 Prozent der Smartphone- und Tablet-Fertigung, geschweige denn digitaler Komponenten insgesamt. Wer glaubt, am Leiden des Planten keinen Anteil zu haben, weil er strampelt statt Gas gibt oder mit dem Finger auf einem Touch-Screen herumfährt statt mit dem Auto durch die Gegend, bettet sich eine komfortable Illusion. Wir leben in einer globalisierten Welt, bestimmt von Handel und Warenaustausch in jeder Form – und damit vom Transport. Selbst wenn wir recyceln oder etwas zurückgeben, für die Kleidersammlung etwa: In Afrika landet es erst nach einer Schiffspassage im Container. Es kann der Gerechteste nicht grün leben, wenn das Umfeld nun einmal nicht darauf ausgerichtet ist.

Das mit dem freien Auge erkennbare Potenzial an massiven Verbesserungen ist wohl groß. Und die Idee, ein um zwanzig km/h herabgesetztes Tempolimit fünf Kilometer vor und nach einer Provinzhauptstadt wäre ein intelligenter

Lösungsansatz angesichts dessen doch etwas lächerlich. Wäre die Welt ein schwer übergewichtiger Mensch mit verfetteten Herzkranzgefäßen, entspräche das etwa der Forderung, doch einfach den Mittags-Espresso mit dem einen Mokkalöffel Zucker darin zu streichen – und ihn weiterhin Schnitzel, Pizza, Burger und fetttriefende Pommes in sich hineinstopfen zu lassen.

Das Erkämpfen von Pyrrhussiegen im Komma-Bereich auf Nebenschauplätzen ist ein politischer Affekt ohne ökologischen Effekt. Man darf den Verantwortlichen nur bedingt böse sein. Der Horizont eines Regional-Politikers spannt sich in etwa vom heutigen Wirtshaus-Stammtisch bis zum nächsten Wahltag – kein Bereich, in dem globale Zusammenhänge auffallend viele Anknüpfungspunkte finden. Sich dort mit möglichst wetterwendiger PR durchzulavieren, reicht für gewöhnlich. Weil die bequeme Mehrheit zwar weiß, wer bei DSDS weiterkommt oder wann das nächste Pokalspiel stattfindet, aber selbst mit einem Mindestmaß an lebensnahen Fakten und Tatsachen überfordert ist. Und deswegen keine vernünftigen Fragen gestellt oder echte Ergebnisse eingefordert werden. Schließlich wird es immer eine Statistik geben, die so oder so irgendeinen Erfolg nachweist. ■

»Schon unsere Vorfahren waren Vegetarier«

Damit eines klar ist: Dies wird weder eine Brandschrift für oder gegen die Anhänger fleischloser Ernährung. Die neurotische Selbstinszenierung der einen ist mindestens so lästig wie die grundlose Aggression der anderen gegen sie. Es geht auch nicht um die Vor- und Nachteile des jeweiligen Speiseplans, wie sie von besonders militanten Exponenten beider Gruppen gerne und eifrig dekliniert werden. Sie mögen das weiterhin tun und brauchen dazu zweifellos auch kein weiteres Forum.

Das posthume Kidnapping von historischen Zeugen ist aber immer eine kritische Angelegenheit. Homo erectus, neanderthalensis oder frühe sapiens können sich nicht mehr wehren. Abgesehen davon, dass die Formulierung dieses Statements hinkt. Wenn, dann sollte es *»Schon unsere Vorfahren ernährten sich fleischlos«* oder *»...waren Pflanzenesser«* heißen. Das ideologische Konstrukt hinter dem Begriff Vegetarismus war den Urmenschen in ihrem beflissenen Kampf um Überleben und Fortpflanzung kaum gegenwärtig. Vegetarier könnten sich vermutlich auch viel Mühsal ersparen, wenn sie sich einfach zum Sprachusus von *»Ich esse kein Fleisch«* herablassen würden. Die exhibitionistische Zurschaustellung von Lebensmodellen ist aber modern und bei allen, außer denen, die das aufdringlich finden, sehr beliebt.

Ein Vegetarier möchte nach Möglichkeit mehr sein als nur einer, der keine Tiere verspeist. Er will eine lebensumspannende Einstellung präsentieren, die weit über die kulinarische Abgrenzung hinausgeht. Das war schon so, seit der alte Grieche Pythagoras sich und seine Jünger diesem Modell verschrieben hat: Als äußeres Zeichen kleideten sie sich in weiße Tücher, um sich von den schnöden Fleischessern abzuheben. Und sie damit zu nerven. Die demonstrative Besserartigkeit funktioniert am besten mit ausreichender Präsentation derer, die dadurch schlechter gemacht werden – was die nicht sehr schätzen. In der zu erwartenden und für gewöhnlich überzogenen Gegenbewegung entwickelt sich dann das volle Spannungspotenzial, in dem das Thema bis heute daheim ist.

Für die Erklärung der fleischlosen Lebensart früher Vorfahren gibt es einen bunten Strauß an Argumenten quer durch den Garten der Wissenschaften: Anthropologische, ethnologische, morphologische oder biochemische Blüten werden gern und stolz vorgezeigt. Gemeinsam haben sie, dass sie allesamt falsch sind. Wer vorsätzlich nur einen Ausschnitt sehen und bewerten möchte, wird immer schlüssige Rechtfertigungen finden – nur das Gesamtbild erfasst die ideologische Linse nicht.

Sehr beliebt ist etwa der Verweis auf unsere nächsten Verwandten im Tierreich – ungeachtet dessen, dass sie weniger unsere Vorfahren als das Ergebnis einer eigenen Gattungsentwicklung sind: Affen würden sich ausschließlich von pflanzlicher Kost ernähren. Was ebenfalls nicht stimmt – die meisten dieser Tiere können sich zwar so ernähren. Viele tun es auch größtenteils, wenn auch oft nur angebotsbedingt über gewisse Zeitstrecken. Dass sie kein Großwild erlegen und verspeisen, heißt aber nicht, dass tierisches Eiweiß in ihrem Ernährungsplan nicht vorkommt. Schimpansen und andere Primaten finden Insekten und deren Larven zum Beispiel äußerst ansprechend. Aber auch Fledermäuse und kleine Nager werden gerne verspeist, wenn sie sich denn lassen. Paviane sind schon ein anderes Kaliber – sie jagen aktiv Beutetiere und haben passenderweise ein äußerst effizientes Raubtiergebiss mit imposanten Hauern. Wohingegen unsere Zahn-Landschaft gern als Beweis für die grundsätzliche Auslegung auf Pflanzennahrung herangezogen wird: Uns fehlen die Reißzähne, und die Einser eignen sich außer für ein strahlendes Lächeln bestenfalls noch zum Abbeißen – von Stängeln womöglich.

Richtig ist, dass die gesamte Auslegung unseres Körperbaus ein alternatives Modell zum hauptsächlichen Gebrauch von Klauen und Maul darstellt. Mit dem aufrechten Gang übernahmen Arme und Hände neue Aufgaben. Als Draufgabe kam irgendwann ein voll funktionsfähiger Daumen dazu, womit die Sache richtig griffig wurde. Sich mit so einer Gestalt noch in Beute oder Gegner zu verbeißen, ist ineffizient und außerhalb von Zombie-Filmen und Titelkämpfen im Boxsport nicht sehr verbreitet. Schlichtweg deswegen hat die Natur unser Gebiss an die gelebte Praxis angepasst. Übrigens eignet es sich auch ausgezeichnet zum Abnagen von Spareribbs.

Einseitig motivierte Interpreten von Studienmaterial über unseren Magen sieben daraus ebenfalls gerne, dass wir historisch betrachtet nur Pflanzenkost-Konsumenten sein können und der Fleischgenuss tatsächlich eine gastroenterologische Perversion darstellt: Pflanzliche Nahrung werde rascher und effizienter verwertet, auch sei die – ein schöner Euphemismus – Durchgangsdauer deutlich kürzer. Fazit: Für Fleisch wäre unsere Verdauung eigentlich gar nicht konzipiert. Dass ein Schweinsbraten bis zu seinem Happy End auf der Toilette länger braucht als ein Gurkensalat, ist allerdings weniger ein Mirakel seiner Herkunft als seiner Feststofflichkeit. Davon abgesehen ist die Verwertungseffizienz von unserem Stoffwechsel abhängig, der bei jedem Menschen individuell ist. Ganz so, wie blonde und dunkle Haare existieren, graue oder braune Augen, Haken- und Stupsnasen.

Es gibt Unverträglichkeiten und bevorzugte, dem jeweiligen Stoffwechsel äußerst entgegenkommende Speisen – sei es nun Fisch, Fleisch oder bestimmte Gemüse und Früchte. Das lässt sich medizinisch austesten, und wer gelernt hat, ein wenig auf seinen Körper zu hören, wird vom Ergebnis weniger überrascht sein. Die dort als besonders verträglich befundenen Speisen hat er vermutlich schon lange bevorzugt –

ganz einfach, weil sie ihm mehr Wohlbefinden verschaffen als andere. Daraus lässt sich keine natürliche Prädestination unserer Gattung ableiten, außer die, dass wir höchst opportunistische Allesfresser sind.

Schon die pure Tatsache der Existenz von Enzymen zum Abbau von tierischem Eiweiß im menschlichen Körper reicht als selbsterklärendes Argument. Diese Enzyme zu entwickeln, war ein evolutionäres Langzeit-Projekt, das sich in der relativ kurzen Spanne der Menschwerdung nicht ausgegangen wäre. Schon gar nicht im kulturhistorisch relevanten Teil davon. Ein Vergleich: Im Speichel eines Hundes enthaltene Bakterien helfen bei der Wundreinigung und -heilung. Der Canis lupus verfügt über zwei Sorten davon – eine für seine eigene Spezies und eine für den Menschen passend. Eine Entwicklung, für die die Evolution kaum weniger als 200.000 Jahre benötigt hat. Wer meint, der Mensch hätte seine Magenenzyme für Fleischverarbeitung in einem Bruchteil dieser Zeit erblühen lassen, demonstriert damit vor allem eine reichlich arrogante Einschätzung seiner eigenen Gattung.

Tatsächlich ist seit kurzem klar, dass die Entwicklung des Homo sapiens direkt mit dem Fleischkonsum zusammenhängt. Die Natur hatte sogar einen ziemlich subtilen Plan, wie sie das anstellte: über das Gen, das für Aufnahme und Speicherung von Eisen aus der Nahrung sorgt. Seine Veränderung war vielleicht nur ein Feldversuch der Naturküche, aber – zumindest aus strikt darwinistischer Sicht – ein höchst erfolgreicher. Mit diesem vor ziemlich genau 282.000 Jahren stattfindenden Update in der Genfrequenz konnten die frühen Menschen aus ihrer Nahrung plötzlich ein Vielfaches der Eisenmenge aufnehmen und damit die Sauerstoffversorgung des Blutes boosten. Eisenmangel macht Schlaffis – genug davon hingegen matte Jäger zu unermüdlichen Langstreckenläufern.

Bis dahin war der Mensch in der Jagd auf das Überraschungsmoment angewiesen. Nur spielt die Beute dabei nicht immer mit – womöglich will sie lieber weiterleben und haut ab. Mit Antilopen Nachlaufen zu spielen, ist keine ergiebige Taktik. Sogar ein verärgertes Mammut trabt am Ende schneller und vor allem länger als der eisenbemangelte Homo erectus oder auch sapiens. Dann ist wieder Wurzel-Buddeln angesagt, und der Höhlenfrieden hängt schief. Durch die verbesserte Eisenaufnahme aus der Nahrung erlangten die frühen Menschen einen entscheidenden evolutionären Vorteil: die Ausdauer. Ihre Jagdmethoden erweiterten sie um das Element der Hetze. Irgendwann gaben die Tiere aus Erschöpfung auf oder wurden so langsam, dass die Jäger sie einholen konnten. Auf diese Art steigerten die frühen Menschen ihren Fleischkonsum, also die Aufnahme von hochwertigem tierischen Eiweiß. Das sie wegen des ob der Rennerei gestiegenen Energiebedarfs auch brauchten – als Vegetarier wären sie kapital verhungert.

Außerdem brachte ihnen der anhaltende Eiweißschub ein reges Wachstum ihres Gehirns ein. Das Endergebnis war der Homo sapiens heutiger Prägung: intelligent genug, um sich einen Ernährungskult auszudenken, der negiert, woher sein IQ stammt. Der frühe Mensch nutzte seine hinzugewonnene Ausdauer eben nicht dazu, so lange zu laufen, bis er Soja, Lupinen oder saftigen Wildspinat fand. Er jagte erfolgreicher Tiere, aß sie und wurde klüger.

Natürlich lässt sich der Vorfahren-Begriff beliebig dehnen, von diversen Sackgassen der Evolution bis hinunter zum Einzeller, der unschuldig in seinem Urmeer schwimmt. Aber selbst der ernährt sich außer von Pflanzenteilen auch von den Überresten abgestorbener Artgenossen, ist als Teilzeit-Kannibale also ebenfalls kein Vorbild. So schmerzlich es sein mag: Unsere Vorfahren waren nie oder nie vollständig oder nie erfolgreich Pflanzenesser.

Wir hingegen haben die Wahl der freien Entscheidung, es heute zu sein. Dafür braucht es weder halbgare Statements noch pseudowissenschaftliche Echos und Schallverstärker. Im Grunde genommen nicht einmal einen ideologischen Background. Ob nun aus gesundheitlichen Gründen oder als Beitrag zur Vermeidung von Tierleid oder auch nur, weil jemandem einfach danach ist: Die größte Errungenschaft des intelligenten Menschen, sollte man meinen, ist die Freiheit, sich einfach so für oder gegen etwas zu entscheiden. ■

»Die digitale Revolution wird eine bessere, saubere Welt schaffen«

In den 90ern gab es diese nervigen Jutebeutel- und Lappenmützen-Eltern, die mit dem Eifer frischbekehrter Bilderstürmer die Disney-Figuren aus den Zimmern ihrer Kinder verbannten, um ein Zeichen gegen das Konsumdiktat zu setzen. Die ihre Kids in Schulen schickten, wo sie statt rechnen ihren Namen tanzen lernten. Und das Christkind gegen winterliche Fabelwesen tauschten, um ihren Fortpflanz nur ja keiner metaphysischen Prägung auszusetzen. Sie haben ihre Sache gut gemacht. Die Ersatzreligion ihrer Nachkommen wird jetzt interaktiv direkt aus dem Silicon Valley geliefert.

Aber bitte: Nicht noch eine larmoyante Warnung vor den Gefahren des Internet, mit der die Alten tarnen, dass sie die Welt der Jungen nicht verstehen und sie schon deswegen am liebsten wegzensurieren wollen. Stattdessen ist Gelassenheit angesagt. Wenn sich ein paar famose Denker noch vor der Großjährigkeit mit einem sechsstelligen Schuldenbetrag ausstatten, weil sie zur Party versehentlich alle Netz-User eingeladen haben statt nur ihre Klassenkameraden und der Polizei das einen epochalen Sondereinsatz wert war, beweist es nur die unbedingte Gültigkeit von Darwins Erkenntnis der natürlichen Auslese.

Ebenso, wenn Sozialleben, Job und schließlich die Realität durch den Gully der Welt von Zelda oder der World of Warcraft gehen, weil Fritz N. alias Nightdeamon IV nur im virtuellen Leben kein Verlierer ist. Und was soll es die NSA schon scheren, wenn Justin twittert, heute keinen Bock auf Schule zu haben? Oder wenn Chantal und Melanie Snapchat-Videos ihrer primären Geschlechtsorgane tauschen? Und falls das doch die Geheimdienste auf den Plan ruft, siehe oben: Darwin hat immer recht. Auch im Netz.

Das naive Postulat, als das diese Phrase daherkommt, meint viel Tieferes als die lächerlichen Symptome, mit denen sich einige im digitalen Psychofasching als Darsteller einer wenig erfreulichen Diagnose versuchen. Als Versprechen ist es faktisch falsch – die Welt wird durch die Digitalisierung nicht besser, sie bekommt nur ein schmuckes Interface, das Milliarden begeistert nutzen. Im Glauben, sie wären die Kunden und nicht längst das Produkt.

Es wird auch nicht sauberer, nur weil schicke, unschuldig weiße Smartphones und Tablets oder emissionsfrei selbstfahrende Elektromobile das suggerieren. Kennen Sie Europium, Neodym oder Lanthan? Sie gehören zu den sogenannten seltenen Erden. Was ein irreführender Begriff ist, weil es tatsächlich seltene Metalle sind. Sie werden für Bildschirme, Akkus oder Elektromotoren benötigt, und der Umfang ihres weltweiten Abbaus hat die Grenzen des Bedenklichen längst überschritten. Er findet vor allem in Gegenden statt, in denen Sozial- und Demokratie-Regeln flexibel gehandhabt werden und Umweltschutz als nicht besonders vordringlich gilt. Etwa der Mongolei, in Indien, Brasilien oder Malaysia.

Wobei der Begriff Abbau nicht authentisch wiedergibt, wie die Sache in der Praxis abläuft: Die seltenen Metalle werden von der Natur ärgerlicherweise nicht in Reinform bereitgehalten, sondern in Verbindungen und Legierungen. Sie müssen daher chemisch getrennt werden, was der Einfachheit halber noch in der Erde passiert, indem man Säuren und Laugen in die Bohrlöcher pumpt. Zurück bleiben verwüstete Landstriche, radioaktive Oberflächen und verseuchtes Grundwasser. Wer der Meinung ist, seine digitale Vernetzung stünde auf sauberen Beinen, nur weil sie keinen Sprit verbraucht, sollte sich damit abfinden, dass sie tatsächlich hüfttief in giftigem Schlamm steht. Der stört aber nicht beim smarten Surfen im Cyberraum, weil er weit weg ist und nur an einem der anderen Enden der Welt Menschen um Existenz und Leben bringt. Diese Phrase ist also zunächst vor allem das Motto einer egozentrischen Endverbraucher-Philosophie, die das komfortable Produkt abfeiert, solange Ursachen und Auswirkungen außer Sichtweite bleiben.

Der Begriff *»Digitale Revolution«* umfasst aber mehr als nur die hübschen Geräte, in die alle manisch starren. Er beinhaltet auch die magische Welt der Startups, von unkonventionellen Hippie-Milliardären und Silicon Valley-Gurus, die Alles-Geht-Doktrin des www. Nicht zuletzt den Traum, selbst die nächste große Idee abzuliefern und dazuzugehören. Oder ihr zumindest als seliger Fanboy folgen zu dürfen, weil sie halt gar so gut ist. Ein Startup ist nichts anderes als eine Firmengründung, die mit neuem, fetzigem Namen lässiger und unbelasteter klingen mag. Was prinzipiell gut ist, weil es dem Thema die düstere Schwere nimmt und damit mehr Menschen zur Umsetzung ihrer Fantasien motiviert. Wenn es nicht klappt, ist die Bauchlandung allerdings nicht weniger schmerzhaft oder existenzbedrohend, nur weil sie vorher das Startup-Mascherl getragen hat.

Das Silicon Valley und sein Ideenreichtum werden die Welt allerdings nicht retten. Tablet und Smartphone haben sie ebenso wenig besser gemacht wie Google oder Facebook – ausgenommen vielleicht die persönliche Welt von Larry Page und Marc Zuckerberg. Das Bereitstellen von Spielzeug für den selfiegehypten Narzissmus und die Befriedigung voyeuristischer Neurosen löst keine Probleme. Es lenkt aber hervorragend von der Notwendigkeit ab, das möglichst bald zu tun. Das Silicon Valley gibt uns jede Menge Spiele, aber kein Brot. Künstliche Intelligenz sehnen vielleicht doch nur die herbei, die bei der natürlichen benachteiligt wurden. Wer es schafft, seinen Intellekt dauerhaft in den 280 Zeichen einer Twitter-Botschaft abzubilden, ist wahrscheinlich davon betroffen.

Zu den ebenfalls weniger intelligenten Ansichten zählt die, das alles diene einer neuen Demokratisierung, einer Welt, in der alles allen zugänglich ist. Unter diesem Anstrich verbirgt sich auch nur eine neue Art des Raubtierkapitalismus, die selbst den des alten Rockefeller selig zu einer Sparvereinsfarce degradiert. Mit radikalem Ausloten von Steuer-Charaden, dem neuen Typus von Erste-Welt-Kulis in den Lohnlisten oder einer Produktion im wohlwollenden Dritte-Welt-Umfeld Geschäftszweige an sich reißen, macht nichts besser. Auch nicht, das Ganze womöglich noch mit dem Mogel-Etikett Sharing zu schmücken. Was die Selfie-Schickeria bei der klassischen Industrie gnadenlos missbilligen würde, lässt sie bei ihrem Cyber-Xanadou in kritiklose Verzückung fallen.

Die unregulierten Geldmengen, die der so zusammengeraffte globale Markt ausschüttet, sind tatsächlich demokratiegefährdender als sämtliche Rabauken in Washington, Ankara und Moskau zusammen. Kapital, um Eigennutz zu reproduzieren: Maßgebliche Geldgeber im Silicon Valley unterstützen bereits sogenannte Seasteading-Projekte, bei denen es um die Erschaffung künstlicher Inseln geht. Ungeniert mit dem Ziel kokettierend, endlich fern der selbst halbherzigsten Regulierungsansätze eines Staates agieren zu können – mit Konzernen, die ihren Sitz am eigens dafür geschaffenen Festland außerhalb aller Hoheitsgewässer haben, wo keine Gesetze mehr den Unternehmergeist in seinem Höhenflug behindern. Oder auch den Forschergeist auf dem Weg zum Klonen von Menschen. Falls noch ein Namensvorschlag gesucht wird, hier wäre einer: iLand.

Was da folgen soll, ist eine Cyberkratie, und die ist nicht demokratisch, sondern bestenfalls eine dunkelbunte Travestie davon. Eine Bürgerbeteiligung mittels Smartphone-App sehnen viele herbei, die den Eindruck haben, nicht ausreichend gehört oder sonst wie wahrgenommen zu werden.

Wenn Justin, Chantal, der Nightdeamon und alle anderen geistigen Borderliner je nach Tagesbefindlichkeit und ohne Parlament über Gesetze abstimmen können und letztlich jene an der Macht sind, die die meisten Follower haben, ist die Demokratie de facto abgeschafft.

Schwer zu ködern sind die Internet-Lemminge ohnehin nicht: Das plakative Fördern von Umwelt- und Sozialprojekten mit ansehnlichen Beträgen, die tatsächlich aber nicht einmal ein Promille der Investitionen der neuen Bosse in ihre eigene Nachhaltigkeit ausmachen, reicht schon, um milde User rund um die Welt zu Tränen zu rühren.

Wem solche Aussichten zu diffus oder monströs vorkommen, darf auch ruhig die eigene tägliche Routine überdenken: Suchabfragen, Likes, Tweets, hochgeladene Fotos und Videos brauchen Energie – und damit ist nicht die Akkuladung im eigenen Gerät gemeint. Jede Internetaktion potenziert ihren eigenen Energiebedarf in Knotenpunkten, Server-Farmen, Providerspace, multipliziert noch einmal durch Abrufen, Teilen, Weiterleiten, täglich milliardenfach. Schon heute ist das Internet insgesamt der bei weitem größte Energiekonsument der Welt. Die Öko-Legende von E-Reader, E-Paper, digitaler Währung oder papierlosem Büro funktioniert nur, wenn sie nicht über den eigenen Tablet-Rand blickt. Das Internet hat einen Auspuff: weltweit qualmende Kohlekraftwerke und hausgroße Dieselgeneratoren zur Notstromversorgung der digitalen Infrastruktur. Verkehr als Verursacher des Klima-Gaus? Auf gewisse Weise schon: Wir parshipen und tindern uns ins Out.

Die digitale Revolution wird also keine bessere, keine saubere Welt schaffen. Sie wird, wie jede Revolution, einige ihrer Kinder verspeisen und um der Gerechtigkeit willen hoffentlich auch ein paar ihrer Väter. Allen Zweck-Pessimisten zum Trotz wird sie nicht unser Untergang sein, aber eine neue Melange von Verlierern und Siegern schaffen. Wer unbedingt daran glauben will, darf der kommenden Enttäuschung natürlich ebenso begeistert in die Arme laufen wie davor schon zahlreichen anderen. Oder es alternativ doch einmal mit der Disney-Familie und dem Christkind versuchen. ■

»Umweltzonen tragen maßgeblich zur Hebung der Luftqualität bei«

Seit Zonen-Gaby ihre erste Banane geschält hat, ist schon etwas Zeit vergangen. Das boshafte Sujet aus dem Satiremagazin »*Titanic*« von 1989 hätte ein aktuelles Update verdient: Heute könnte die Dame in einem Stadtzentrum stehen, betitelt mit »*Zonen-Gaby und ihr erster Luftkur-Urlaub*«. Fast drei Jahrzehnte nach dem Mauerfall kann Deutschland stolz sein – statt einer Zone im Osten hat es jetzt ganz viele über das Land verteilt. Und Gaby strahlt immer noch voll infantilem Entzücken über ihr Glück.

Wenn heute der Begriff Luftqualität verwendet wird, dann ist damit für gewöhnlich der Feinstaub-Gehalt gemeint. Zwar sickert meist noch eine ganze Anforderungs-Melange aus Kohlendioxid-, Ozon- und Stickoxid-Grenzwerten mit ein, meist mit dem Paketbegriff Emissionen versehen – was generell nicht falsch ist, aber trotzdem nicht unbedingt gemixt werden sollte. Schon deshalb, weil die Verursacher oft völlig unterschiedlich sind und die zur Gegenwehr eingesetzte Technik nicht immer kompatibel.

Bleiben wir also vorrangig beim Feinstaub. Damit sind zwei Gruppen von Partikeln in den Größenordnungen 10 und 2,5 Mikrometer, also millionstel Meter, gemeint – außer bei geballtem Auftreten in besonderer Dichte nicht sichtbar und schon deswegen ziemlich gemein. Dinge einatmen, die wir nicht sehen, wer will das schon? Der Ekelfaktor ist unbestreitbar, obwohl es eine ziemlich natürliche Sache ist. Allerdings stehen Lungenerkrankungen und Asthma nachweislich in Zusammenhang mit der Feinstaub-Belastung, was sie zu mehr als nur einer reinen Ungemütlichkeit macht.

Ähnlich wie beim CO_2 gibt es auch beim Feinstaub sowohl den natürlichen als auch den durch den Menschen verursachten Anteil. Die Quote der Natur am Gesamtaufkommen liegt bei über 90 Prozent, womit die Begeisterung, mit der die Diskussion darüber geführt wird, schon grundsätzlich ein wenig ins Schleudern gerät. Immerhin sind die Feinstaub-Neurotiker noch nicht so weit, dass sie Blütenstaub, Pilzsporen, Wüstensand, Gesteins-Erosion, Biomasse-Zerfall, Meeressalz aus dem Verdunstungskreislauf der Ozeane und Vulkanausbrüche behördlich verbieten lassen wollen.

Allerdings ist bis heute durch die schiere Messung selbst nicht unterscheidbar, welche der Partikel natürlicher und welche anthropogener, dem menschlichen Tun zuzuordnender Art sind. Dafür wäre eine qualitative Prüfung nötig, die aber aufwändig ist und so gut wie nie stattfindet. Luftdruck und -feuchtigkeit tragen zusätzlich zur Verdichtung und Sättigung bei, was die prinzipielle Anfälligkeit von Kesselregionen und Beckenlagen für hohe Feinstaubbelastungen erklärt – weil durch die Topographie Luftdruck und Luftfeuchtigkeit naturgemäß meist höher sind als im Flachland oder an Abhängen.

Selbst wenn da, wo heute übliche Feinstaub-Epizentren wie Graz oder Stuttgart liegen, gar keine Städte wären, können wir davon ausgehen, dass die natürliche Partikelbelastung dort hoch wäre. Unsere Vorfahren haben sich einfach nicht immer optimale Stellen ausgesucht, um sich niederzulassen. Vermutlich waren sie auch nicht allzu empfindlich. Was den jetzigen Bewohnern mit asthmatischen Beschwerden nicht zwingend weiterhilft. Allerdings wussten selbst die mit lausigem Wissensstand ordinierenden Ärzte vor Jahrhunderten bereits Rat bei Lungenbeschwerden: Ortswechsel. Was heute von den Bürgern, die zunehmend eine Art verfassungsmäßiges Recht auf alles verspüren (auch auf die Wahl eines Wohnortes, der für ihre Lungenkonstitution schlichtweg ungeeignet ist) nicht gern gehört wird. Also muss die Luftqualität des Wohnorts verbessert werden, am besten mit einer

Umweltzone, also einer Beschränkung für Pkw älterer Emissionsnormen – und schon werden alle gesund.

Tatsächlich ist dieser Lazarus-Effekt eine Illusion. Anders als im erhofften Sinn sind die Umweltzonen für die Luft. Ihre Verherrlichung funktioniert nach dem Prinzip des Kaisers neue Kleider: Der Unterschied, den niemand merkt, wird eifrig beklatscht. Die Bilanz einer Umweltzone für den Großraum, in dessen Zentrum sie eingerichtet wird, ergibt einen regionalen Einmaleffekt von etwa drei Prozent Rückgang der Emissionen – weniger, als der laufende Generationswechsel im Fahrzeugbestand durch den Umstieg auf umweltfreundlichere Neuwagen jährlich bringt. Gemessen wird von den Verfechtern dieser Maßnahme aber am liebsten direkt dort, wo dann möglichst keine Autos mehr fahren, was eine gewisse Wahrscheinlichkeit an Jubelergebnissen mit sich bringt. An den Zonen-Rändern allerdings steigt die Umweltbelastung wegen des dort komprimierten Verkehrsaufkommens – ebenfalls messbar. Als Anrainer von Zonen-Randgebieten ist es gerechtfertigt, darüber eine leise Melancholie zu verspüren.

Sogar der grüne Vizebürgermeister der Zonen-Stadt Tübingen gab 2011 zu, dass die Umweltzone nur eine Lösung vorgaukelt und der Effekt in keinem Verhältnis zum Aufwand steht. Ungeachtet dessen wuchert der Zonen-Wildwuchs in Deutschland weiter. Auch in Österreich ermöglicht sie der Gesetzesrahmen prinzipiell – bisher scheiterte diese Einrichtung nur am offenkundigen Bürgerwillen, den zumindest die einschlägig vorgeprägte Politik bereits lieber gestern als heute ignorieren würde.

Was die Zonen-Befürworter gerne ausklammern, ist ein weiteres Mal die Tatsache, dass der Mobilitätsbedarf nicht abnimmt, wenn das Auto mit Verboten belegt wird. Die Menschen weichen gezwungenermaßen auf die Alternativen aus.

Bei den öffentlichen Verkehrsmitteln wird gerne so getan, als wären sie emissionslos unterwegs – was eben so nicht stimmt. Die Bremsanlagen des städtischen Schienenverkehrs erzeugen allein etwa gleich so viele Mikropartikel, wie die aller Pkw im gleicehn Gebiet – demnach aber mit unerfreulich hoher Konzentration entlang der Bahn- und Straßenbahnstrecken, geschweige denn in den Haltestellenbereichen. Salz- und Splittstreuung verursachen Feinstaub-Ablagerungen, die das ganze Jahr über relevant bleiben. Zwar werden damit im Winter die Gehsteige und Fahrbahnen beackert – allerdings nicht vorrangig der Autos wegen, sondern hauptsächlich dank eines überzuckerten Rechtsverständnisses, das aus jedem, der bei Eis- oder Schnee ausrutscht – ob nun zu Fuß oder im Auto – einen aussichtsreichen Kläger macht.

Den größten Anteil an den anthropogenen Feinstaub-Emissionen liefert übrigens die Industrie. Der Straßenverkehr duelliert sich je nach regionaler Gewichtung mit den Heizanlagen um Platz zwei. Pellet-Heizungen etwa werden großzügig gefördert, obwohl sie bis zum 1.200-fachen Feinstaub-Ausstoß einer Gasheizung liefern. Dafür aber mit dem süßen Lockruf verführen, CO_2-neutral zu sein – was nichts anderes heißt, als dass beim Verbrennen das im Holz gespeicherte Kohlendioxid wieder freigesetzt wird. Raucher hingegen erleben es womöglich gar nicht, vom Nikotin hingestreckt zu werden – bereits drei Zigaretten produzieren eine zehnmal höhere Feinstaub-Belastung als ein laufender Dieselmotor.

Diesel reizt allerdings spätestens seit dem Herbst 2015 nicht nur die Atemwege, sondern auch die Gemüter, inzwischen sogar die Gerichte. Dank Volkswagen ist nun klar, dass nicht alles sauber ist und duftet, was aus dem Auspuff kommt, obwohl das Marketing genau das immer so glaubwürdig versichert hat. Die Diesel-Problematik war allerdings auch davor jedem bekannt, der sich nur ein wenig damit beschäftigen wollte: Die gesetzlich vorgegebenen Messzyklen bilden nicht zwingend den Normalbetrieb im Alltag ab, nicht einmal das Temperaturfenster von 20 bis 30 Grad, in dem sie stattfinden, ist besonders schlüssig. Außerhalb des normierten Idealbereichs waren Diesel-Fahrzeuge immer Dreckschleudern, ob nun mit oder ohne Mogelsoftware. Dass sie mittlerweile eine halbe Chemiefabrik an Bord mitführen, um die Emissionen leidlich in den Griff zu bekommen, verbessert das Abgasverhalten zwar mit viel Aufwand – allerdings wird es für die Hersteller damit auch immer unwirtschaftlicher, diese Technik anzubieten. Längst müssen die Verkäufe der Benziner die der Diesel stützen. Die bekannt kühl agierenden Rotstiftabteilungen in den Konzernen werden ob dieser Margenverschiebung die Dieselfrage womöglich rascher lösen als jede Zonen-Wirtschaft.

Die Light-Variante der Umweltzone heißt Tempo-30-Zone. Ein Fixstern im grünen Meinungskatalog: Weniger Tempo ist vielleicht kein Verkehrskonzept, aber zumindest für die Natur muss es doch besser sein – oder? Bedauerlicherweise ist es aber keine ökologische Maßnahme: Das Tempo an sich und die Emissionen hängen nun einmal nicht direkt zusammen. Wer bei gleicher Geschwindigkeit im niedrigeren Gang fährt, erzeugt mehr Emissionen. Anders herum: Zwingt Tempo 30 zum Herunterschalten, ist der Vorteil geringeren Schadstoffausstoßes größtenteils wieder dahin. Und auch was durch die geringere Last am Motor gewonnen wird, geht durch schlechten Verkehrsfluss dank Straßenrückbau und Nachrang-Dschungel fast vollständig verloren. Insgesamt ist die Umweltbelastung in Tempo-30-Zonen daher praktisch gleich hoch wie in den Teilen der Stadt, wo der Verkehr mit Tempo 50 fließt.

Selbst der ergänzend gern angeführte Sicherheitsaspekt durch geringere Geschwindigkeit zieht nicht: Zwar ist der Bremsweg kürzer, die Abnahme der Aufmerksamkeit des Fahrers für echte Gefahrenpunkte, etwa vor Schulen oder

Kindergärten, durch flächendeckendes Tempo 30 ist aber längst nachgewiesen. Für diese Zonen-Einrichtung spricht eigentlich nicht mehr als ihre politische Opportunität, faktisch eher eine Art ideologische Notdurft – von deren Verrichtung die Umwelt nicht profitiert.

Noch relativ neue Prominente im Emissions-Kanon sind die Stickoxide. Weil die Politik lieber auf die vorrangige CO_2-Hysterie reagieren wollte – immerhin galt es Wähler zu retten oder zumindest ihre Stimmen – schlugen sie die Warnungen der Techniker in den Wind. Die hatten schon vor Jahren ausdrücklich darauf hingewiesen, dass eine rigorose Kohlendioxid-Reduzierung bei Diesel-Fahrzeugen zu einem Anstieg sowohl bei den Mikropartikeln als auch bei NO_x führen würde – weil das nun einmal ein verbrennungstechnisches Faktum ist. Auf Umwegen sind die Stickoxide ebenfalls lungenbelastend und tragen bei ihrem Zerfall außerdem zur auch nicht gesundheitsfördernden Ozonbildung bei.

Nun sind die politischen Entscheidungsträger sehr überrascht, dass es tatsächlich so gekommen ist, werfen mit Schuldzuweisungen um sich und rufen nach Lösungen für ein Problem, das sie maßgeblich selbst verursacht haben. Das beste Ziel gibt dabei ab, wer davor gewarnt hat und ärgerlicherweise recht behielt: die Autoindustrie.

Aber was tun, um Feinstaub- und andere Emissionen in den Ballungsräumen tatsächlich zu reduzieren? Bei Heizanlagen ist das Potenzial gewaltig – warum es über zwanzig Jahre nach der Unterzeichnung des Kyoto-Protokolls überhaupt noch Ölheizungen gibt, hat einigen Erklärungsbedarf. Es heilt auch keine Lungenerkrankungen, wenn die Industrie Emissionszertifikate erkauft anstatt mit dem Geld Filteranlagen einzubauen oder auf umweltfreundlichere Produktionsmethoden umzustellen.

Das Befahren der Ballungsräume mit Diesel-Fahrzeugen wäre seinerzeit eine Einschränkung wert gewesen – anstatt damit bis jetzt zu warten, wo die Technik endlich so weit ist, die früher nur versprochene Emissionsreduzierung tatsächlich zu liefern. Wird der Dieselbetrieb jetzt zurechtgestutzt, beschneidet das einen großen Teil der Bevölkerung in seiner Mobilität, was der vielleicht am Wahl- und damit Zahltag rückverrechnen wird. Abgesehen von der Vernichtung von Volksvermögen in Milliardenhöhe, weil die Zeitwerte der Autos ins Bodenlose fallen, wenn sie plötzlich mit Fahrverboten geächtet sind. Was am Akutfall in Deutschland bereits vorzüglich zu beobachten ist – zumindest die Käufer im EU-Ausland, wo derartige Verbote nicht in Sichtweite sind, freuen sich über den Schwall an Billigangeboten aus dem Mutterland der Zonen-Wirtschaft.

Der gesetzliche Anspruch auf Einhaltung von Emissions-Grenzwerten ist vielen als ein großer Schritt erschienen. Ein kleinerer war es für findige Anwälte und Vereine, von ein paar Plattenbaubewohnern an der Einfallsstraße einer größeren Stadt die Vollmacht zu erhalten, bei dauerhafter Überschreitung die Kommune zu verklagen. Die sich jetzt, wie etwa im Fall Stuttgart, mit Fahrbeschränkungen herumschlagen muss, durch die sich die Lebenssituation im Plattenbau weniger verbessern wird, als sie sich für zehntausende Pendler, deren Mobilität damit eingeschränkt wird, verschlechtern dürfte. Das Recht auf gute Luft für alle klingt nur so lange toll, bis sie auf die praktische Realität eines Ballungsraumes trifft. Am lautesten beklatschen es dazu meist die, die es gar nicht betrifft.

Ad absurdum führt das alles aber die Tatsache, dass etwa die in der Silvesternacht allein durch Feuerwerkskörper produzierte Feinstaub-Belastung höher und konzentrierter ist als das Partikel-Volumen durch den Fahrzeugverkehr im gesamten Jahr. In der schlichten Begeisterung der Menschen gilt das, was da um Mitternacht lautstark vom Himmel regnet, aber wohl als bunter Feenstaub. Gesund fühlen sich am 1. Jänner ohnehin die meisten nicht. Wer das nicht dem Alkohol zuschreiben kann, hat vielleicht einfach nur tief Luft geholt. Wir diskutieren also tatsächlich lieber über eine dauerhafte Einschränkung der Mobilität, als eine ohnehin recht vulgäre Feiertradition zu überdenken? So wichtig ist das Thema dann offenbar doch nicht.

Sinnvoll wäre es letztlich, sich nicht von der Illusion verleiten zu lassen, man könne in einer Großstadt leben und es trotzdem so gesund wie an einem einsamen, klaren Gebirgsbach haben. Viele Menschen, viele Kompromisse: Sie müssen arbeiten, wohnen, heizen, mobil sein und das alles auf engstem Raum – das geht nicht ohne Abschläge beim ohnehin nie erreichbaren Idealbild von Lebensqualität, so sehr uns findige Meinungsmacher den Wunsch, es sei nicht so, auch von den Augen ablesen.

Obwohl die Lebenserwartung ohnehin laufend steigt, kostet der Feinstaub die Menschen in Westeuropa im Schnitt angeblich ein Lebensjahr – Fahrverbote dagegen alle davon betroffenen Pendler einige Wochen pro Jahr, die sie in öffentlichen Verkehrsmitteln länger unterwegs sind anstatt sie daheim mit ihren Familien und Freunden zu verbringen. Eine unerfreuliche Abwägung, was hier zu bevorzugen ist. Selbst Zonen-Gaby wird dabei kaum entspannt Luft holen könnten. ■

»Umweltschutz und Fleischkonsum vertragen sich nicht«

Korrekterweise ist bei diesem Satz eine Sinnteilung angebracht: Für alle, die Umweltschutz mit rigorosem Tierschutz und damit der Vermeidung von Tierleid gleichsetzen, ist diese Aussage unbedingt richtig. Wer daraus ableitet, dass fleischlose Kost somit per se schon umweltschützerisch wertvoll ist, erliegt allerdings einem Irrtum.

Die wahrscheinlich verhängnisvollste und zugleich historisch bedeutendste Fleischbestellung tätigte Richard Plantagenet, genannt Löwenherz, am 21. Dezember 1192 im Wirtshaus der damaligen Ortschaft Erdberg nahe Wien. Er hätte besser den Gemüseeintopf nehmen sollen. Das auffällige Insistieren auf ein Fleischgericht führte zu seiner Entdeckung und Gefangennahme. Der Rest ist Geschichte: Lösegeld, England pleite, Öster-reich.

Was an sich schon eine schöne Parabel darüber wäre, dass man sich gewisse Dinge eben manchmal verkneifen sollte. Noch wuchtiger wird die Sache allerdings in den historischen Konsequenzen: Wien leistete sich mit dem imposanten Lösegeld unter anderem eine gewaltige Befestigungsanlage für die Stadt. So mächtig, dass daran gut 300 Jahre später die türkische Invasion Europas zerschellte. Und 150 Jahre darauf noch einmal. Die damit begonnene Würdigung der Osmanen als Lieblingsfeind der Österreicher hielt einige Jahrhunderte – eventuell sogar bis heute, wie es ausgesuchte Menschen in beiden Ländern verspüren.

Wenn es daraus etwas zu lernen gibt, dann ist es der Umstand, dass alles, was wir tun, eine Auswirkung hat. Eine kleine oder auch eine ziemlich große, eine gute oder schlechte, darauf kommt es gar nicht an. Irgendetwas wird immer ausgelöst.

Wenn wir heute vom Fleischkonsum sprechen, reden wir fatalerweise über Soja. Nicht als von Vegetariern gepriesene Antipode zur Fleischkost, sondern als wichtigstes Futtermittel in der Nutztierhaltung. Das nährstoffreiche Mehl mit dem gut verwertbaren Eiweißgehalt bleibt übrig, nachdem der Bohne das Öl abgepresst wurde, das aus Industrie, Kosmetika und Nahrungsmitteln kaum mehr wegzudenken ist. Ohne Soja kein Fleisch lautet die Ernährungsformel der Gegenwart.

Die Haupt-Anbaugebiete liegen in Süd- und Nord-Amerika, von wo das Sojamehl eindeutig nicht umweltschonend auch in einen großen Teil der viehhaltenden Welt verschifft wird. Um dort an Rinder, Schweine, Hühner oder welche Tiere auch immer verfüttert zu werden. Die Bilanz dieses Aufwandes ist denkbar übel. Lobend anzuführen, dass es davor noch viel schlimmer war, als statt Soja- noch Tiermehl verfüttert wurde, zeugt etwa von so viel Empathie, wie das Prügeln von Kindern mit der bloßen Hand zu preisen – weil es früher mit Lederriemen und Holzknüppel noch viel brutaler war.

Der großflächige Soja-Anbau in Monokulturen samt unerfreulichen Nebenerscheinungen wie Urwaldrodung, Artensterben, Vertreibung, Ausbeutung und Transportwahnsinn quer über den Planeten ist unselig mit unserer Massentierhaltung und der industriellen Fleischproduktion verknüpft. Die unheilschwangere Absurdität dieses Begriffs an sich sollte schon appetitzügelnd wirken. Aber das diffuse Wissen um Umweltlast, Tierleid und Haltungselend verblasst meist bei der nächsten Entscheidungsfindung am Kühlregal, wo Spardrang oder Gleichgültigkeit wieder zum Billig-Pack greifen lassen.

Die Krux liegt eben im Massenbedarf, ermöglicht durch wirtschaftlichen Aufschwung und soziale Nivellierung. Als Fleisch noch vor allem eine besondere Mahlzeit für die kleine

Oberschicht war – siehe Richard –, mag das nicht fair gewesen sein. Aber immerhin hat es keine Massentierhaltung gerechtfertigt. Das Aufrücken immer breiterer Gesellschaftsschichten in ehemals elitäres Konsumverhalten hat das verändert. Jeden oder fast jeden Tag Fleisch zu essen ist zu einem Komfortmerkmal geworden. In welcher Qualität das geschieht hingegen nicht. Dass es anderswo auf der Welt eine ganze Palette an Katastrophen verursacht, spießt sich ausgerechnet im Zeitalter der umfassenden Kommunikation immer noch gegen die Wahrnehmung.

An dieser Stelle müsste nun ein Plädoyer für gesunde, grüne Küche kommen, in der Fleisch aus artgerechter Tierhaltung seinen Platz haben soll, aber etwas Besonderes ist und kein Alltags-Gericht. Ernährungstechnisch können wir uns das heute leisten – die Hetzjagd auf Antilopen ist ja größtenteils aus unserem Tagesprogramm verschwunden. Und wer meint, wir würden tierisches Eiweiß nach wie vor in Gehirnwachstum umsetzen, schaut keine Reality-Shows. Wo allerdings das Wissen um Ernährungs-Sinn und -Unsinn bis heute nicht eingesickert ist, wird auch eine weitere Feuer-Rede zu diesem Thema nichts ändern. Zudem gibt es Menschen, die berufener sind, dazu Stellung zu nehmen und es verdienen, gehört zu werden – auch wenn nicht alles komfortabel klingt, was sie zu sagen haben.

Bedenklich ist, dass viele im Eifer des Argumentierens über das Ziel hinausschießen. Die Begeisterung für möglichst intensive Überzeugungsarbeit verleitet zu skurriler und meist einseitiger Detailverliebtheit. In der Aufwands- und CO_2-Bilanz der Fleischproduktion wird gern akribisch gelistet: Nahrungsmenge und Wasserbedarf der Tiere, ihre Verdauungs-Emissionen, Medikamenten-Einsatz bis hin zu deren Erforschung, Produktion und Lieferung, Transportaufwand zum Schlachthof, dortiger Energieverbrauch plus dem der

Kühlkette, Verpackung, Lieferung zum Groß- und Einzelhandel, durchschnittliche Umweltbelastung durch den Konsumenten vom Einkauf bis zum Stromverbrauch beim Zubereiten der Speisen, beim Abwaschen des Geschirrs und für das Licht auf der Toilette am nächsten Morgen. Wohingegen bei der pflanzlichen Kost gerne so getan wird, als wäre es mit dem Wachsen am Strauch getan. Es ist aber nun einmal nicht so, dass die Veganer drei Mal täglich jauchzend auf die Felder laufen, um dort Bohnen zu klauben und sie gleich vor Ort roh zu verspeisen.

Wenn wir etwa beim Soja-Anbau für menschlichen Verzehr bleiben, dann beginnt die Problematik schon beim *»Impfen«* des Bodens mit künstlichem Stickstoff, den die Pflanzen zum Wachsen brauchen. Die Ernte erfolgt natürlich maschinell, mit dieselgetriebenen Landmaschinen, ebenso müssen die Bohnen gereinigt, sortiert und transportiert werden. Händisch und mit dem Rad geschieht das kaum – eher in Industrieanlagen und mit 600 PS-Sattelschleppern. Dann geht es für gewöhnlich an die Weiterverarbeitung: pressen, mahlen, trocknen, natürlich industriell. Ob die Fabriken mit Solarstrom arbeiten, fragt niemand. Schön, falls sie es tun.

Spätestens bei der Endfertigung von Soja-Speisen sollte sich das gesunde Öko-Bewusstsein spießen. Wer tatsächlich Tofu oder anderen veganen Fleischersatz einkauft, hat ein Produkt erworben, das mit immensem Energieeinsatz verarbeitet wurde, um das vorzugeben, was man eigentlich gar nicht essen möchte. Sojamilch ist ein so künstliches Zeug, dass dagegen jede Chemie-Brause ökologisch nachhaltiger herzustellen ist. Also lieber Mandelmilch? Macht es kaum besser – und die kalifornischen Plantagen tun sich womöglich schwer mit der regionalen Bauernhof-Garantie. Aber zumindest lebt die Transport-Branche damit ganz gut.

Zweifellos ist die Gesamtbilanz der Massentierhaltung nach wie vor übler – der Fairness halber sollten für die

Berechnung aber da wie dort die gleichen Maßstäbe gelten. Die Darstellung jeder fleischlosen Ernährung als so etwas wie ein Öko-Perpetuum Mobile ist lächerlich und verklebt nur erfolgreich die Bewertung echter und unechter Bonus-Nahrungsmittel. Natürlich gilt auch hier: Man kann alles übertreiben. Wer damit beginnt, vor lauter falsch verstandenem Öko-Gewissen, seine eigene Speisekarte einem ohnehin nicht existierenden Welt-Ernährungsplan zu unterwerfen, erreicht damit vielleicht persönliches Seelenheil, aber sicher keine Verbesserung für andere. Besonders eifrige Vorkämpfer verteufeln inzwischen etwa den Reisanbau, des hohen Wasserbedarfs der Pflanzen wegen – und scheuen sich nicht, eine Verknüpfung zum weltweiten Wassermangel herzustellen. Flach betrachtet mag die Idee, dass jemand in der Sahel-Zone verdurstet, weil die Philippinen in großem Stil Reis anbauen, als besonders grenzüberschreitende Betrachtung gelten. Vielleicht zeichnet sich so aber auch nur eine auffallend begrenzte Sichtweise aus.

Was also sollen wir essen? Künftig am ehesten Insekten, behaupten zumindest Freunde des erhöhten Ekelfaktors. Dass die anderswo auf diesem Planeten längst als besondere Delikatesse gelten, wird dann ebenso gerne zitiert wie der Umstand, dass sie ausgezeichnete Eiweißlieferanten sind. Beides mag stimmen, ist für unseren Kulturkreis aber etwa seit der Altsteinzeit ohne Relevanz. Gesichtslose Larven mögen tatsächlich weniger mitleiderregend sein als großäugige Kälber – die Massenzucht zum Zweck der Verspeisung bleibt aber ein gleichwertig unerfreulicher Akt.

Das Geheimnis einer lebenspraktischen und zugleich umweltschonenden Ernährung ist gar keines, sondern längst gelebte Gegenbewegung zum qualitätsneutralen Massenkonsum: keinerlei Fertig-, sondern ausschließlich biologische Naturprodukte aus der Region und der Saison kaufen. Selbst und frisch kochen. Keine Zeit? Wem sie das nicht wert ist, braucht zu diesem Thema allerdings auch keine Meinung mehr zu äußern. Auch, wer etwa voller Öko-Stolz organischen Bio-Lachs aus Norwegen präsentiert, hat nichts verstanden – dank ein paar tausend Transportkilometern haftet an dem Fisch ein Mehrfaches seines Eigengewichts an Umweltbelastung. Der freie Handel in der EU sei gepriesen – aber welchen Sinn hat es, dass der Supermarkt französische oder irische Butter führt, die als Ergänzung für sieben heimische Sorten durch halb Europa gereist ist? Die Beispielliste für solche Guerilla-Produkte ließe sich lange fortsetzen. Dennoch werden wir kaum Schokolade, Kaffee, Bananen oder Orangen von unserem Speiseplan streichen – schließlich wollen die meisten von uns keine Ernährungs-DDR.

Das überschaubare Mirakel liegt in Menge und Qualität, damit verbunden die Reduzierung und Vermeidung von Transportwegen. Wer meint, sich das nicht leisten zu können, weil das gute Zeug doch so teuer ist, hat wahrscheinlich eher ein Prioritätenproblem als ein monetäres. Wem der Leasing-Wagen in der Garage und die jährlichen drei Wochen All-inklusive-Urlaub wichtiger sind, zieht es eben vor, Teil des Problems und nicht der Lösung zu sein. Mitleid ist dafür unangebracht.

Umweltschutz und Fleischkonsum schließen einander nicht zwingend aus – Massenbedarf und industrielle Verarbeitung kippen aber jede Ernährungsschiene, auch die vegetarische. Spätestens dann ist selbst Vegie bestenfalls für seine Produzenten eco, ehrlicherweise aber längst nicht mehr öko. ■

»Bevor es Autos gab, waren unsere Städte viel lebenswerter«

Nein, das waren sie nicht. Sie waren, ganz im Gegenteil, ein beschissener Ort – im wahrsten Sinne des Wortes. Wer das nicht glauben mag, darf sich getrost in die unparfümierten zeitgenössischen Schilderungen eines Charles Dickens oder auch Jack London einlesen und dort Unrat suchen. Wem das noch nicht reicht, dem sei Upton Sinclairs »*Der Dschungel*« ans Herz gelegt. Es kommen keine Autos darin vor.

Eines der bemerkenswertesten Kapergüter der heutigen Grünbewegung ist die Rückbesinnung auf die gute alte Zeit. An sich Terra ferma des konservativen Revanchismus, immer bemüht, den Lebensgenuss der untergegangenen Oberschicht auf die Masse der Gesamtbevölkerung auszuwalzen, die ihn nie kannte. Aus dem entfernten Blickwinkel der Ziegelarbeiter-Slums auf dem Wienerberg war die Strahlkraft eines Ringstraßen-Palais sicher schwer wahrzunehmen. Um diese Art von unkritischer Historienklauberei geht es aber neuerdings gar nicht. Die gute alte Zeit ist nun die, als es noch kein Automobil gab, das Lärm gemacht, den Platz verstellt, Menschen überfahren und die Luft verpestet hat. Als das Leben in der Stadt schon deswegen noch lebenswert gewesen sein muss und vor den Toren der Häuser stattfinden konnte. Eine urbane Epiphanie von Sound of Music, so wünscht es zumindest die Legende.

Neben die städtische Realität aus der Zeit vor der automobilen Revolution gestellt, korrodiert der retrogrüne Folklore-Anstrich allerdings rasch. Warum auch immer die gewöhnlich am anderen Ende des Polit-Spektrums angesiedelte Öko-Gemeinde hier der gleichen romantischen Selbsttäuschung wie die konservative Einäugigkeit erliegt: Der Blick auf das Gesamtbild liefert andere Einsichten. Und er darf ruhig bei den Straßen beginnen. Die Verkehrsadern der großen Reichshauptstädte etwa, Wien oder Berlin, waren größtenteils gepflastert – was so viel bedeutet, wie: nicht alle. Nebenstraßen, vor allem in den schlichteren Wohnbezirken abseits der zeigefreudigen Pracht-Boulevards, mussten mit Schotterung auskommen. Und das war bisweilen noch der bessere Belag. Gestampfte Erde galt als Basisversion einer Straßenoberfläche, bei Trockenheit staubig (Feinstaub!), bei Regen eine Schlammbahn. So oder so ständig durchpflügt von Pferdefuhrwerken, die Personen- und Lieferverkehr zu stemmen hatten. Die Geruchsbelastung war ebenso immens wie allgemein üblich und langanhaltend – einen Kack-Beutel für die Zugtiere hatte damals keine Stadtverwaltung im Programm. Wer sich noch nie darüber Gedanken gemacht hat, woher der Kotflügel seinen Namen hat, darf das an dieser Stelle nachholen.

Metropolen wie London und Paris waren wegen der katastrophalen Hygienezustände und mangels einer fortschrittlichen Wasserversorgung noch gegen Ende des 19. Jahrhunderts seuchengeplagt: Cholera und Typhus mögen schmutzige Massenquartiere. Auch das Vorhandensein einer modernen Kanalisation beflügelte nicht alle einfachen Bürger sogleich, ihre Zuläufe zu benutzen. Die Auswahl aus Pferdeäpfel straßenseitig und konzentrierter menschlicher Duftmarken plus Müllhalden aus dem Hinterhof war ein durchaus gängiger Aromen-Mix dieser Zeit.

Selbst wer das Glück hatte, an einer gepflasterten Straße zu wohnen und daher die Staub-Schlamm-Variation zumindest nicht direkt vor der eigenen Haustüre vorfand, war drüber eventuell nur halb so glücklich, wie der romantische Öko-Träumer von heute es glaubt. Der Fuhrwerks-Verkehr war beachtlich, das Klappern der beschlagenen Hufe und der metallumspannten Holzräder dauernd gegenwärtig. Es gab übrigens auch kein Nachtfahrverbot. Die spätere Einführung von Hartgummibereifung brachte geringe Linderung, aber bei weitem keine Ruhe. Dazu regte sich entwicklungsbedingt eine rasante Bautätigkeit. In der österreichischen Hauptstadt etwa wurden zwischen 1860 und 1914 bis zu vier Mal Wohnhäuser abgerissen und neu errichtet – auf einem Baugrund. Berlin war dafür bekannt, mehr Baustellen als fertige Häuser zu haben. Städte, die sich wie im Zeitraffer ständig neu erfanden und lautstark an den Platzbedarf anpassten, waren die tatsächliche Lebensrealität dieser Zeit.

All dies, während in den Außenbezirken 24 Stunden am Tag die Hochöfen qualmten, Ziegel gebrannt wurden und Fabriken die Kessel ihrer dampfbetriebenen Maschinen mit Kohle befeuerten. Die zeitgenössischen Stadtansichten zeigen nicht deswegen stets schwarzgraue Häuser, weil die Künstler keine Lust auf Farben hatten, sondern weil sie die Realität abbildeten – und die hatte rußgeschwärzte Häuserwände. Ebenso sahen die Lungen der meisten Menschen von innen aus. Ideologiebegradigt ist das Bild der guten alten Zeit das von überfüllten Städten mit bedenklichen hygienischen Verhältnissen, in denen Lärm wettmachte, was an Infrastruktur fehlte, und als Draufgabe eine epochale Luftverschmutzung herrschte.

Natürlich will der gute Öko von nebenan diese Fakten gerne ausklammern und nur ein Best-of-Nett von irgendwann ins Heute projizieren, die Formel *Moderne Stadt minus Auto = Paradies* anwenden. Diese grüne Phrase ist doppelt falsch: Einerseits, weil sie etwas behauptet, was faktisch unrichtig ist, und andererseits, weil sie diese Unwahrheit in einen Zusammenhang stellt, der nicht existiert. Die Städte waren früher definitiv nicht lebenswerter, und diese Tatsache hat ebenso wenig mit dem Auto zu tun, wie es im umgekehrten Fall zutreffen würde.

Es ist auch nicht richtig, dass Aussehen und Anlage unserer Städte vom Auto geprägt wurden. Dass sie andernfalls liebenswerte, amorphe Gebilde mit saftigen Wiesen und verträumten Teichen zwischen mehrfamilienfreundlichen Superniedrigenergiehäusern wären, eine auenländische Hobbit-Idylle 2.0. Tatsächlich ist die Blaupause der städtischen Rasterung mit Wohnblöcken und Straßen über 2500 Jahre alt. Die Versorgung einer größeren Konzentration von Menschen verlangt nach Verkehrswegen, auf denen Waren transportiert und sich Leute bewegen können, wie und womit auch immer. Schon römische Städte kannten Einbahnen und Verkehrsregeln. Was sich seitdem verbessert hat, ist der komfortable Straßenbelag, die Oberflächenentwässerung sowie der Umstand, dass es mit Gehsteigen sichere Bereiche für Fußgänger gibt. Tod-durch-Ochsenkarren ist damit weitgehend aus der Sterbestatistik verschwunden.

Ebenso ist falsch, dass der Autobestand in den Städten laufend abnimmt – ganz im Gegenteil: Nach wie vor steigt die Zahl der zugelassenen Fahrzeuge auch in den Metropolen jährlich an. Nur die Fahrzeugdichte je Einwohner nimmt langsam ab – was gerne als Beweis für den Sieg eines modernen, urbanen Lebensstils mit Fahrrad oder Öffis gefeiert wird. Eine zugegeben schöne Vorstellung, aber trotzdem falsch: Die Gravitation einer Großstadt wirkt vor allem auf frische unterprivilegierte Massen, die wirtschaftlicher Mangel oder Vertreibung angeschwemmt haben, sowie auf den Zuzug von Familienangehörigen derer, die schon da waren und auch nicht viel mehr haben. Die wenigsten davon besitzen einen Führerschein oder verspüren vorrangig die Sorge, ein Auto anzuschaffen. Wir dürfen aber sicher sein, dass schon ihre Kinder das anders betrachten werden. Auch die erfolgreichste Integration äußert sich für gewöhnlich seltener im Prahlen mit einer Jahreskarte als mit dem Besitz eines gebrauchten BMW.

Das Auto, soweit gestehen selbst seine Gegner bisweilen ein, hat einen gewichtigen Beitrag zum allgemeinen Lebenskomfort geleistet. Technische und bauliche Entwicklungen in seinem Sog haben vieles revolutioniert und bequem gemacht – auch das Leben derer, die gar kein Auto benutzen. Es deswegen denkmalgleich zu behandeln, ist mindestens ebenso unangebracht wie seine generelle Verteufelung. Die vermenschlichte Personalisierung des Autos findet interessanterweise auf der Seite seiner lauten Gegner viel inniger statt als auf der seiner gewohnheitsmäßigen Nutzer.

»Wir müssen unsere Städte von den Maschinen zurückerobern!« stammt nicht etwa aus dem immer außer Genieverdacht stehenden Terminator-Universum – es ist eine für gewöhnlich so fiebrig wie laut zitierte Parole der Autophoben. Noch fahren allerdings keine robotisierten Maschinen zum Selbstzweck herum, sondern bewegen sich damit Menschen von A nach B. Ebenso, wie es die tun, die zu Fuß unterwegs sind oder mit dem Rad.

Wenn sonst nichts mehr zieht, muss der Platzbedarf als Argument her – es hebelt auch schon prophylaktisch die aufkommende Begeisterung für Elektroautos aus. Denn egal, womit angetrieben: Autos brauchen Platz, im Schnitt etwa acht bis zehn Quadratmeter, und das ist nach einschlägigem Willen mehr, als einem einzelnen Menschen für seine Mobilität zusteht – zum Wohle aller, die auch Raum beanspruchen und im Namen der Verteilungsgerechtigkeit sowieso, Freundschaft & Amen. Vom Horizont winken leise Marx und Lenin, die dieser posttraumatischen Neigung zu staatlicher Obacht samt Zuteilung von Maximalraum je Individuum sicher applaudiert hätten. Längst ausgelaugte Ideologien, die sich an der Hintertür statt mit der blutroten mit einer grellgrünen Masche schmücken, werden dadurch allerdings nicht besser.

Bemerkenswert ist generell, dass der ganze grüne Repertoire-Kanon so auf das Auto-Thema konzentriert ist – wie es daher auch in den Kapiteln dieses Buches überrepräsentiert ist. Vom Stand der Fakten lässt sich diese Fokussierung nicht erklären. So gering, wie der tatsächliche Verursacheranteil des Pkw an der weltweiten Umweltbelastung ist, kann dieses darum aufgebaute, apokalyptische Wimmelbild nur einen ideologischen Ursprung haben. Das Auto als Symbol von ökonomischer statt ökologischer Orientierung, von mangelnder Nachhaltigkeit und repräsentierter Eitelkeit. Wer meint, darüber zu stehen und sein ganzes Lebensmodell auf ein möglichst uneitles Erscheinungsbild ausrichtet, beweist damit aber auch nur seine ganz spezielle Form von Eitelkeit.

Davon abgesehen – ist der Anblick von parkenden Pkws ästhetisch anstößiger als der von haufenweise Fahrrädern? Tatsächlich löst weder der eine noch der andere ein stilistisches Hurraerlebnis aus. Wer etwa die pulkweise um jeden Lichtmast und Baum anfallenden Fahrradhaufen in Amsterdam gesehen hat, sollte einen sauber geschlichteten Parkstreifen nicht so geringschätzen. Die Reduzierung des Fortbewegungsmittels auf einen nichtswürdigen Gebrauchsgegenstand oder auf ein sogar austauschbares Allgemeingut ist aber womöglich ebenfalls ein Anliegen der Phobie-Betreiber, passend zum Platzbedarf-Diktat: das Propagieren der Besitzlosigkeit und einer schönen, neuen Welt, wo alle durch Teilen glücklicher sind – oder zumindest gemeinsam gleich wenig haben.

Wenn wir schon die Vergangenheit zitieren, dann mit dem Mindestmaß an Hirn und dem Verständnis, das gebietet, keine idealisierte Momentaufnahme daraus zu drechseln. Wahr ist, dass sich unsere Bedürfnisse und Ansichten verändern und es gut ist, dass sie das tun. Andernfalls würden wir Pogrome oder Hexenverbrennungen immer noch für hervorragende Einrichtungen halten, immerhin waren sie für Jahrhunderte Usus. Zum Glück sind wir aber zumindest ansatzweise flexibel und fähig, Erlerntes neu zu bewerten. Die Alternative sollte allerdings zu einer merkbaren Verbesserung für alle führen und nicht nur der Psychohygiene einer selbsternannten urbanen Elite dienen. Ein Diktat der Verkehrsmittelwahl ist keine solche Verbesserung. Ob die schiere Präsenz von Autos das wie auch immer gepolte Ästhetikempfinden einiger Menschen stört, wiegt tatsächlich weniger als das Anrecht aller auf freie Gestaltung der Mobilität. Nicht zuletzt ist es gerade eines der Insignien unfreier Gesellschaften, dass sie untersagen, zu reisen wohin und womit man will. Nichts, was selbst im geheiligten Namen der Öko-Bilanz nachahmenswert wäre.

Die sich zunehmend aufschaukelnde Verbotskultur schöpft ihren Effekt vor allem aus den Versäumnissen der Vergangenheit. Dass der Pkw zwar bereichsweise alternativenlos ist, nicht aber überall die beste Lösung darstellt, ist schon lange kein Geheimnis mehr. Die möglichst intensive Verschränkung aller Verkehrsarten und die Gestaltung von Angeboten, die so attraktiv sind, dass sie sich von selbst empfehlen, wäre die naheliegende Lösung gewesen. Leider ist sie in Jahrzehnten politischer Kleingeistigkeit verschenkt worden. Wenn es also einen Grund gibt, Richtung Vergangenheit zu trauern, dann muss niemand bis in die Zeit vor dem Automobil vordringen. Es reicht, einen Blick auf die vergebenen Chancen der letzten Jahre zu werfen. ■

» Die Motorisierung Asiens potenziert die weltweite Umweltbelastung «

Dem langjährigen Volkswagen-Herrscher Ferdinand Piëch mit der ihm eigenen sensiblen Wortwahl wird Anfang der 90er-Jahre der Satz zugeschrieben, er werde *»den Chinesen vom Fahrrad holen«*. Einen Markt von 1,3 Milliarden Menschen, die bisher zumindest dem Klischee nach mit dem Fahrrad unterwegs sind, mit Autos zu versorgen, klingt allerdings nach einer wirtschaftlichen Verlockung mit reichlich ökologischem Kopfweh im Gepäck.

Trotzdem ist die Ankündigung einer dadurch ausgelösten Öko-Katastrophe falsch. Die Alte Welt reagiert auf derartige Globalisierungs-Themen immer ernsthaft besorgt bis wehleidig – und deckt sich eifrig mit ebenso düsteren wie unrichtigen Prognosen ein. Ein rutschiges Parkett für die Mahner und Warner: Es ist immer ein amüsantes Schauspiel, wenn aus allen Poren politische Korrektheit atmende Menschen sich vor Bemühung winden, möglichst keine Duftmarke postkolonialen Denkens zu hinterlassen. Diese Aussage riecht ja ein bisschen danach, sanft gewürzt mit dem pelzigen Geschmack eines verkaterten Morgens: Wir haben unser Recht auf motorisierte Mobilität ausgiebig gelebt und tun es nach wie vor – anderen würden wir es aber gerne absprechen. Und sei es nur, weil sie damit etwas später dran sind. Es wäre wegen der Umwelt. Und wenn, dann müssen wir eben unsere Mobilität in dem Maß einschränken, wie die der anderen zunimmt – quasi als Preis der automobilen Erbsünde.

Die Zahl von 1,3 Milliarden Menschen in China hat an sich schon ein ungemütliches Volumen, bestens geeignet für allerlei erigierte Angstphantasien in der vollen Bandbreite von gesellschaftlich über politisch, sogar militärisch, bis hin zu ökologisch. Nicht zu vergessen, dass gleich nebenan Indien mit etwa der gleichen Bevölkerungszahl lauert, und auch die wollen doch wahrscheinlich alle möglichst bald ein Auto, oder? Womöglich werden uns die asiatischen Riesen also auf vier Rädern in den Klima-GAU chauffieren.

Wäre es so, befänden wir uns längst auf dieser Fahrt. Tatsächlich findet sie jedoch nicht statt und wird es aller Wahrscheinlichkeit nach auch nie. Die Gründe dafür sind auf der westeuropäischen Moralskala bedenklich, aber dennoch Teil der Lebensrealität in diesen Ländern. Etwa die Hälfte der dortigen Bevölkerung schafft es auf unser Wohlstandsradar – davon einzelne als märchenhaft reich, einige in der wachsenden Kategorie Mittelschicht, die meisten als sehr arm. Die andere Hälfte vegetiert unter unserer ökonomischen Wahrnehmbarkeitsgrenze, meist auf vorindustriellem Level. Und wird bis auf Weiteres auch dort bleiben. Den Regierungen ist an einem Erhalt dieser Armuts-Spalte in der Mitte ihrer Bevölkerung durchaus gelegen – die Hälfte, die das Land Richtung europäischem Wohlstandsvorbild nach oben zieht, wird dort ohne den aus dieser Sicht hinderlichen Rest ankommen und ihn später nachhieven, so der Plan.

Auch in der oberen Bevölkerungshälfte dieser Länder ist das soziale Gefälle hauptsächlich ein Steilhang. Dazu kommt die demoskopische Verteilung zwischen mobilitätsarmen, ruralen Landgebieten und mobilitätsfeindlichen, mächtigen Mega-Citys. Aus diesen Gründen werden weder China noch Indien die westliche Motorisierungsquote auch nur annähernd erreichen. Ohne Rücksicht auf das passende Alter, ein Fahrzeug zu bewegen, beträgt sie in Europa etwa fünfzig Prozent. Auch fünfundzwanzig Jahre nach der patzigen Piëch-Ankündigung liegt sie in China nur bei etwa viereinhalb Prozent, in Indien unter eineinhalb.

Beide zusammengenommen, beträgt sie etwa ein Siebzehntel des EU-Schnitts. Insgesamt sind das so viele Pkw wie gegenwärtig in Deutschland, Österreich und Italien zusammen zugelassen sind, aber auf das Achtzehnfache der Fläche dieser drei Länder verteilt.

Dass die moderne Mobilisierung Asiens erst jetzt richtig in Schwung kommt, wo etwa China die europäischen Abgasnormen weitgehend übernimmt oder sogar unterbietet, federt die möglichen Auswirkungen zusätzlich ab. Im Jahr null der Abgasnormen-Zeitrechnung wäre der heutige Fahrzeugbestand noch bedenklich gewesen – inzwischen ist die damalige Prognose überholt. Selbst, wenn auf Chinas und Indiens Straßen heute schon so viele Pkw unterwegs wären wie in Europa, würden alle zusammen weniger als die Hälfte der Emissionen ausstoßen, die vor fünfundzwanzig Jahren allein auf dem alten Kontinent aus den Auspuffrohren geblasen wurden. Bis das Potenzial der Mobilisierung Asiens tatsächlich ausgeschöpft ist, werden es nicht mehr, sondern weniger Emissionen sein, weil die ständig strenger werdenden Abgas-Normen und der dort bereits verordnete Ruck zur Elektromobilität diese Werte künftig kaum steigen lassen.

Dazu wird bei diesem Thema meist so getan, als wäre jede Anschaffung eines Autos eine Zusatzbelastung auf der Minusseite der Umweltstatistik. Was ebenfalls nicht stimmt. Generell ersetzt das Auto derzeit sukzessive das Heer von qualmenden Mopeds, Motorrädern, abenteuerlich zusammengezimmerten Lastgespannen und die Legionen von räudigen Zweitakt-Vespas im ewigen Spätherbst ihres Lebens. Deren aktueller Anteil an der Umweltbelastung wird von den meisten Aufstellungen kaum erfasst, weil sich Anzahl und Kilometerleistungen jeder Statistik verweigern. Daher spielt das Auto sogar eindeutig in der Mannschaft des Planeten und nicht gegen ihn – die Mobilisierung ist so gesehen vielmehr eine Ökologisierung. Damit ist es beinahe egal, wie viele neue Autos in diesen Ländern betrieben werden – solange die alten Stinker von der Straße kommen, können sie die gegenwärtige Umweltbilanz der Mobilität dort nur verbessern.

Auch die unerfreulichen Bilder von im Smog geknebelten chinesischen Städten, in denen Menschen mit Atemschutzmasken durch blickdichte Nebelwände irren, haben kaum in der motorisierten Mobilität ihre Ursache. Die Städte wachsen im Gleichschritt mit ihrer produzierenden Industrie, für die es kaum Umweltauflagen, wie etwa den Einbau von Filteranlagen, gibt. Sie versorgen sich größtenteils aus nahen Kohlekraftwerken mit Energie, dazu heizen auf engem Raum konzentrierte Millionen Menschen hauptsächlich mit fossilen Brennstoffen. Dass bei Spitzenbelastungen dennoch der Individual-Verkehr beschränkt wird, ist nur schlichtweg die einzig halbwegs praktikable Maßnahme – besser, als die Fabriken zu drosseln oder den Menschen das Heizen und Kochen zu verbieten.

Bei aller Skepsis gegenüber dem ernsthaften Umgang Asiens mit diesem Thema kann die koloniale Flagge getrost eingeholt bleiben: Von taiwanesischen Behörden etwa werden europäische Automobil-Hersteller umfassend genervt, wenn die dort gemäß EU-Vorgaben nachgebauten Testreihen für ein Modell statt 96 Gramm CO_2 98 ausweisen. Oder auch nur 95. Die Spielarten asiatischer Höflichkeit, in denen den Europäern dann blumig übermittelt wird, dass sie zu blöd zum Messen sind, ist immer eine abwechslungsreiche Herausforderung an Übersetzer und Kommunikationsabteilungen.

Der Ansatz, wir müssten unsere Mobilität einschränken und überdenken, um die durch das Profitstreben der Auto-Konzerne verursachte Umweltbelastung in Asien auszugleichen, ist nicht nur naiv – er schielt zielsicher an der Realität vorbei. Diese konstruierte Verknüpfung hat zwar einen nachvollziehbaren philosophischen Ansatz, nur fehlt dem, wie so oft, jeder praktische Bezug. In Europa wie auch in Asien reicht der Anteil des Pkw an der Umweltverschmutzung nicht aus, um zwischen Negativ- oder Positiventwicklung zu entscheiden. Die ergibt sich beim rasanten fernöstlichen Wirtschaftswachstum auf anderen Gebieten: Die überzeichnete Faustformel besagt, dass in China jeden Tag ein neues Kohlekraftwerk ans Netz geht. Wer sich angesichts dessen über ein halbes Prozent Fahrzeuge auf oder ab Gedanken macht, hat Anlass, die Schräglage seiner Prioritäten zu überdenken. Der Nachsatz der Faustformel lautet allerdings, dass dort inzwischen auch jede Stunde eine neue Fotovoltaik- oder Windanlage in Betrieb genommen wird. Wir sollten uns dringend abgewöhnen, die Innovationskraft dieser Länder zu unterschätzen – schon bald baut Europa deren Testreihen nach.

Es mag die Asien-Romantik von der glücklichen, vorindustriellen Gesellschaft kränken, wenn vor der Hütte des Gurus ein Mercedes parkt – tatsächlich ist das aber ein Problem des westlichen Asien-Bildes, nicht von Asien selbst.

Die vermeintlich unausweichliche Gefahr, die von der Motorisierung dieses Kontinents ausgeht, erweist sich anhand der Fakten als substanzlos und Teil des düsteren autophoben Legendenschatzes. Hätte Piëch vollmundig erklärt, er werde *»den Chinesen aus der Waschküche holen«*, also jedem seine eigene Waschmaschine verkaufen, wen hätte das wohl interessiert? ■

»Das Elektroauto ist die sofortige Lösung für eine saubere Mobilität«

Schön wäre es. Allerdings ist das Verschieben der Energie-Problematik von der Zapfsäule an die Steckdose und der Umweltbelastung vom Auspuff auf die Deponie keine Lösung, sondern nur das nächste halbgare Prekariat. Was selbsternannte E-Eliten, autochthone Zukunftsforscher und andere bunte Charaktere nicht daran hindert, sich dafür als emsige Propagandahelfer anzudienen. Sie haben immer kreatives Zahlenmaterial zur Hand und treten jedem Widerspruch mit inquisitorischem Eifer entgegen. Wären sie ehrliche Überzeugungs-Grüne und nicht nur bequeme Schickeria-Ökos, würden sie keiner Art von Auto das Wort reden, auch nicht der strombetriebenen. Dazu hat diese Phrase einen doppelten Boden und entfaltet am Ende womöglich noch eine unerfreuliche Retardwirkung. Aber alles der Reihe nach.

Aus bekömmlicher Distanz ohne ideologische Zwänglichkeit betrachtet lässt sich die Tauglichkeit des Elektroautos als sauberer Mobilitätsträger leichter bewerten als in der Hitze der frisch gefundenen Begeisterung dafür. Wie jedes Industrieprodukt gilt auch für das Auto die Gesamtheit seiner Umweltbilanz. Das heißt: Produktion, Betrieb und Recycling/Entsorgung. Stellvertretend für die Gesamt-Emissionen können wir hier getrost das Kohlendioxid betrachten. Die anderen üblichen Beitragstäter wie Mikropartikel und NO_X verhalten sich im Großen und Ganzen dazu analog.

Die Herstellung eines Pkw mit Verbrennungsmotor verursacht im Durchschnitt etwa 7 Tonnen CO_2, der Fahrbetrieb eines sparsamen Modells in der Praxis etwa 125 bis 130 Gramm Kohlendioxid je Kilometer. In einem langen, glücklichen Autoleben von 250.000 Kilometern bläst es in 15 bis 20 Jahren also weitere rund 33 Tonnen CO_2 in die Atmosphäre. In der darauffolgenden Verschrottung fällt keine nennenswerte Umweltbelastung mehr an – der Großteil davon gehört über die Recyclingkette schon wieder zum Produktionsaufwand der nächsten Generation von Autos.

Die Herstellung eines Elektroauto-Batteriepacks mit ausreichend Speicherkapazität für zumindest rechnerisch 400 Kilometer Reichweite verursacht etwa 17 Tonnen CO_2-Emissionen. Dazu kommt noch der Kohlendioxidausstoß bei der Produktion des Autos selbst – des simpleren Antriebsstranges wegen ist er etwas geringer als beim Verbrenner: 6 Tonnen. Macht zusammen 23 Tonnen. Im Betrieb anfallende Emissionen: null. Der scheinbar famose Vorsprung des Elektroautos von immerhin 17 Tonnen wird allerdings durch die Lebensdauer der Akkus eliminiert. 150.000 Kilometer gelten selbst bei den großzügigsten Verfechtern dieser Technik als das Limit, ab dem die Speicherleistung so weit nachlässt, dass ein Tausch ansteht. Also weitere 17 Tonnen Kohlendioxid-Emission für das Batteriepack der zweiten Lebenshälfte, damit das E-Auto am Ende die gleiche Gesamtdistanz zurücklegen kann wie der Verbrenner-Pkw.

Im Finale also Gleichstand – für das Elektroauto bleibt nur der Bonus, dass dort, wo es gefahren wurde, keine Emissionen ausgestoßen wurden. Wovon weder die direkte Umgebung der meist im weit entfernten Asien stehenden Batterie-Fabriken etwas hat noch der Planet. Weil beim CO_2 eben – siehe die grüne Phrase über Umweltzonen – die globale Summe zählt, und nicht die Gegend, wo es produziert wird. Auf der Malus-Seite des Elektroautos steht dagegen, dass bei ihm praktisch das gesamte Emissions-Volumen komprimiert bei der Herstellung anfällt. Im Gegensatz zum Benzin- oder Diesel-betriebenen Auto, wo es zum überwiegenden Teil über den langen Zeitraum seiner Nutzung verteilt ist. Die Akut-Belastung der Atmosphäre wäre durch die Massenherstellung von Abermillionen E-Mobilen demnach so hoch, dass die Zero-Emissionen ihres Betriebs dagegen kaum mehr Bedeutung haben.

Auch die beharrlichen Gegner der E-Mobilität haben sich längst formiert. Eines ihrer Lieblingsargumente: Wenn das Elektroauto nicht Zeit seines Lebens mit grünem Strom aus Wind- oder Wasserkraft geladen wird, würde seine Öko-Bilanz gegenüber der des Verbrenners ohnehin laufend hinterherhinken. Was falsch ist. Zwar hat Strom seinen Ursprung nicht auf wundersame, saubere Weise an der Steckdose – Benzin den seinen allerdings auch nicht am Zapfhahn. Hinter beiden steht ein beachtlicher industrieller Produktionsaufwand von vergleichbarer Größe. Wer den des Stroms mitrechnet, muss korrekterweise auch den von Erdölförderung und -raffinierung anführen – mit dem Erfolg, dass sich beide wieder aufheben.

Auf der anderen Seite brüsten sich die emsigen Jünger des E-Autos gerne mit dem beachtlichen Energie-Wirkungsgrad von 80 Prozent gegenüber dem eher jämmerlichen Wert von durchschnittlich etwa 30 Prozent eines Verbrennungsmotors. Allerdings stimmt auch dieses Argument nur, solange man die Effizienzfrage auf die Vorgänge an Bord des Fahrzeugs reduziert: Strom, für dessen Produktion Kohle verheizt wird, um Wasser zu erhitzen, dessen Dampf dann Turbinen antreibt, an denen E-Generatoren hängen, sägt den Effizienzgrad je Kilowatt gnadenlos ab. Bei Atomstrom passiert im Grunde genommen das Gleiche, nur mit anderem Brennmaterial – also mit kaum effektiverem Wirkungsgrad. Plus der nach wie vor ungelösten Lagerproblematik als Langzeit-Supergau im Schlepp.

Strom aus Wind- und Wasserkraft wird zwar deutlich effizienter hergestellt – aber spätestens, wenn das E-Auto an einer Schnell-Ladestation hängt, wird damit auch an diesem Vorteil wieder weggeknabbert: Die Verluste, die beim Hochspannen der Stromstärke anfallen, um die Batterien in 30 bis 60 Minuten mit einer halbwegs ansehnlichen Ladung zu versehen, verschweigen die E-Jünger nur allzu gern.

Insgesamt bleibt der Vergleich zwischen den beiden Antriebs-Konzepten bis hierhin ein unergiebiges Hase-und-Igel-Rennen, bei dem weder das Elektro-Auto noch der Verbrennungsmotor-Pkw gewinnt. Allerdings wäre da noch die Entsorgungs-Problematik. Was tun mit den hochgiftigen Batterien, wenn sie erst einmal ausgelutscht sind und ihre Speicherfähigkeit keine alltagstauglichen Reichweiten mehr zulässt? Filetieren und in andere Elektrogeräte einbauen, für die auch die reduzierte Leistung nach wie vor ausreicht, sagen viele. Aus den Akku-Packs eines E-Autos lassen sich etwa 100 elektrische Rasenmäher bestücken. Wenn wir davon ausgehen, dass in der nahen, eifrig herbeigeredeten und -geschriebenen Zukunft ein Drittel der weltweiten Fahrzeug-Jahresproduktion von etwa 100 Millionen Pkw mit Batterie-Antrieb ausgestattet sein wird, würde das wenige Jahre später einen jährlichen Rasenmäher-Ausstoß von 3,3 Milliarden Stück verursachen.

In zweieinhalb Jahren hätte also rein rechnerisch jeder Mensch auf diesem Planeten, egal ob Säugling oder Greis, einen Elektromäher. Mit oder ohne den dafür sinnstiftenden Besitz eines Stücks Wiese. Natürlich gingen auch akkubetriebene Heckenschneider, Kettensägen und Laubhäcksler, was an der Mengen-Bedarfs-Schere aber kaum etwas ändert. Abgesehen davon, dass die interimsmäßige Weiterverwendung keine Entsorgung ist, sondern nur deren Verschiebung auf später.

Wann und vor allem wie dieses später aussehen soll, ist aber ungeklärt. Es gibt derzeit keine brauchbare Recycling-Methode für die Akkus. Nicht einmal die zynische Gewohnheit, die mit gutem ökologischen Gewissen gesammelten Haushaltsbatterien in Länder der Dritten Welt zu verschiffen, wo sie von staubgrauen Müll-Kindern mit bloßen Händen zerlegt werden, um ihre Bestandteile zu verkaufen, ist bei der Art von laminierten Akkus anwendbar, wie sie in Elektroautos verbaut werden.

Die Hersteller selbst setzen derzeit auf Aufschiebung statt Lösung – sie planen eine langfristige Einlagerung der Batterien. Wo? Vermutlich ist man schon auf der Suche nach flexiblen Regierungsvertretern oder Unternehmern in entfernten Ländern. Die Distanz zu den künftigen Lagerstätten kann mit ausreichend dehnbarer Moral zweifellos leicht überbrückt werden. Andere versprechen eine wie auch immer geartete Aufbereitung, für die es derzeit aber noch keine Technik gibt. Alle Fakten sprechen dafür, dass sie, wenn überhaupt einmal gefunden, so aufwändig und teuer wäre, dass sie das Akku-Auto generell wirtschaftlich unrentabel machen würde. Wer an dieser Stelle insgesamt ein Atomkraft-Déjà-vu hat, den trügt dieses Gefühl nicht. Auch dort wurde voller Begeisterung über die neue, saubere Stromgewinnung die Entsorgungsfrage großzügig verschoben und eine Aufbereitung diffus in Aussicht gestellt. Mit dem Ergebnis, dass wir auch Jahrzehnte später für beides keine Lösung haben – dafür aber ein Problem, das wir großzügig an künftige Generationen weiterreichen. Der Unterschied ist, dass die grünen Gründerväter und -mütter das damals aufgezeigt und dagegen protestiert haben. Heute freuen sich ihre ideologischen Erben kritiklos auf ein volldigitales Spielzeug auf vier Rädern. Wenn es ein Symbol für die Erosion dieser Bewegung gibt, dann ist es das Elektroauto.

Ein interessanter Aspekt dabei ist, dass es eben keine kalten Technokraten sind, die hier die E-Wende in der Mobilität herbeisehnen – sondern Menschen mit einem durchaus aktiven ökologischen Selbstverständnis. Sie negieren auch die Abfallproblematik gar nicht und zeigen sich darüber zumindest mittelprächtig informiert. Trotzdem geben sie dem möglichst prompten Ende des Verbrennungsmotors den Vorzug, weil es in ihrer Wertehierarchie wichtiger ist, möglichst sofort die Betriebsemissionen zu vermeiden. Die Entsorgungsfrage sind sie bereit, großzügig in die Zukunft zu verlegen, wo sie selbst sich daran nicht mehr stoßen werden, aber ganz sicher jemand eine Lösung dafür finden wird. Vielleicht entdeckt derjenige ja zugleich auch eine für Reaktor-Brennstäbe, wer weiß?

Solange wir keine Möglichkeit haben, die Energie sauber her- und bereitzustellen, erübrigt sich die ganze Elektro-Diskussion ohnehin. Mit dem derzeitigen Produktionsmix für Strom mit europaweit ansehnlichem Braunkohle- und Atom-Anteil ist es nur das berüchtigte Von-hinten-Aufzäumen – wofür man sich bekannterweise am ehesten einen schmerzhaften Tritt einhandelt. Selbst das österreichische Heldenlied vom Land am Öko-Strome entpuppt sich bei genauerer Prüfung eher als statistischer Idealfall. Die praktische Realität mit einem nicht unbedeutenden Anteil aus kohlegeschwärztem oder atomstrahlendem Import-Strom ist weit weniger herausragend. Am Ende wirkt der ganze E-Hype damit wie eine Diät, bei der man zwar effektheischend auf bekömmliches Gemüse wechselt, es aber weiterhin in Schmalz schwimmend paniert und üppig mit Mayonnaise anrichtet.

Tatsächlich ist das Elektroauto bereits näher an einer tatsächlichen und auch langzeitwirkungsfreien Lösung, als viele meinen. Nur nicht in der jetzt auf dem eifrig gebohnerten Meinungsparkett erzwungenen Batterievariante. Die Industrie arbeitet längst mit Hochdruck an der Perfektion der Brennstoffzelle, die schon in den Nuller-Jahren groß im Gespräch war. Damals funktionierte sie aber nur unter Labor-Bedingungen wirklich gut – im Alltagsgebrauch scheiterte sie noch bitter. Bei dieser Technik wird mit Wasserstoff, kurz H_2, in einem Oxidations-Generator der Strom an Bord selbst erzeugt, den es für den Antrieb der E-Motoren braucht. Emittiert werden dabei Wärme und Wasserdampf. Die derzeitigen Praxisleistungen liegen bereits bei etwa 250 PS und haben sich damit allein in den letzten fünf Forschungsjahren gut verdoppelt. Anstatt zeitraubender Ladezeiten im Stundenbereich wie beim Batterie-Auto ist das H_2-Mobil so schnell betankt, wie wir es von Verbrenner-Modellen gewohnt sind. Und statt lächerlicher Reichweiten liegen auch die mit einer Füllung zurücklegbaren Distanzen bereits annähernd im heute üblichen Bereich. Zwar wird auch das Wasserstoff-Elektroauto Akkus als Zwischenspeicher brauchen – allerdings deutlich kleinere, und ihr Kapazitäts-Abbau ist bereits bei der Konstruktion kalkulierbar, fällt in der Praxis daher nicht ins Gewicht. Ein Batterietausch zur Hälfte des Autolebens kann damit entfallen.

Das größte Plus dieser Technik ist aber, dass Wasserstoff tatsächlich fast aufwandsneutral hergestellt werden kann – und zwar genau dort, wo er benötigt wird. Jede Tankstelle kann das H_2 mit einer relativ simplen Elektrolyse-Anlage selbst produzieren. Sie braucht dazu ansonsten nicht mehr als einen Wasseranschluss und – wenn es wirklich grün zugehen soll – eine Fotovoltaik- oder Windkraft-Anlage. Ökologisch bedenklicher Rohstoff-Abbau, Raffinierung oder Herstellung, vor allem aber der in Sachen Umweltbelastung katastrophale Transport sind damit Geschichte. Die Technik ist weit fortgeschritten, aber eben noch nicht hundertprozentig einsatzbereit für den Massenbedarf. In etwa zehn bis fünfzehn Jahren wird sie das dem aktuellen Entwicklungsprognosen nach sein.

Was jetzt von kompetenzfreien Meinern inklusive der Politik mit der Batterie-Lösung als E-Revolution verkauft wird, ist sinngemäß genau das: eine Revolution – wie immer nicht durchdacht, aus einem Bauchgefühl heraus betrieben und mit unerwünschten Opfern verbunden. In ein paar Jahren könnten wir eine über die gesamte Lebensdauer des Fahrzeugs methodisch ausgereifte, elektrische Mobilitätsvariante haben, eine E-Evolution. Mit dem gleichen Komfort in Bedienung, Befüllung und Reichweite, den wir heute von Verbrennern gewohnt sind, aber tatsächlich und auch langfristig umweltschonend. Eventuell ist es aber genau das, was die Herbeisehner der schnellen Revolution nicht wollen – die eifrigen Vorkämpfer der Verzichtsgesellschaft, die bewusst und reduziert leben soll, in der Reichweiten, Tempo und Ladezeiten als wünschenswertes Regulativ gelten. Psychopathologisch eine Neuinterpretation des katholischen Grundnervs von Leidenskultur und Schauerromatik, ohne die es keine Erlösung geben kann.

Was zur eingangs erwähnten Doppelbödigkeit der grünen Phrase von der sofortigen sauberen Mobilität führt: Wenn die hastig zusammengehudelte E-Revolution scheitert und sich als Umwelt-Zeitbombe entpuppt, ist das ganze Thema Individualmobilität erneut und so nachhaltig angepatzt, dass die Alternative des gemeinsamen öffentlichen Verkehrs als Zwangsmodell reüssieren kann. Also gleiches Leid für alle, weil es halt anders eh nicht geht.

Auch wenn es so weit vermutlich nicht kommen wird: In etwa seit dem Beginn der Industrialisierung, zumindest aber seit der Entwicklung höherer Technik, begleitet uns der unerfreuliche Habitus, dass wir Dinge erfinden und benutzen, ohne sie wirklich zu Ende gedacht zu haben. Oder uns über die langfristigen Auswirkungen Gedanken zu machen. Was uns letztlich dorthin gebracht hat, wo wir heute stehen: Treibhaus-Effekt, Rohstoff-Raubbau, Meeres-Kollaps, schleichender Regional-Genozid, Endlager-Problematik plus – auch ohne obligate Weltverdüsterung – tausend andere Mühlsteine am Hals dieser hervorragend entwickelten Menschheit. Nun sind wir endlich soweit, dass wir erstmals ausreichend Überblick haben. Und dazu keine akute Not, das zwar nicht perfekte, aber schließlich doch halbwegs gereifte System der Verbrennungskraftmaschinen zwangsweise sofort durch ein anderes, womöglich wieder nur halbfertiges zu ersetzen. Tatsächlich haben wir genug Zeit, es ausnahmsweise richtig zu machen und einmal kein generationsübergreifendes Handikap aufzubauen. Wer sich das vor Augen hält, wird sich eventuell leichter tun, der Verlockung einer vermeintlichen Sofortlösung noch ein wenig zu widerstehen. ■

»Die Energiewende wird auch die Gesellschaft revolutionieren«

Nicht, dass es keinen heißen Bedarf dafür gäbe – es fragt sich nur, was diejenigen, die so eine Verknüpfung herstellen, eigentlich unter dem Begriff Energiewende verstehen. Ein Tipp: Allein, dass der Strom aus der Steckdose öko wird, ist damit wohl nicht gemeint.

Wir wollen Frau Merkels Fukushima-Moment nicht schmälern. Dass ein Politiker anlässlich einer Katastrophe tatsächlich so reagiert, wie der wache Hausverstand es nahelegt, ist rar. Allerdings offeriert sich die Abkehr von der Kernenergie nicht so sehr als großzügiger Akt, den man eben einmal aus ökologischem Enthusiasmus heraus vollzieht. Es ist eher eine Energie-Notwende. Dass spaltbares Uran kein unbegrenzt zur Verfügung stehender Rohstoff ist, wird von den Anhängern der Kernenergie ebenso gerne ignoriert wie von der verantwortungsabstinenten Strom-kommt-aus-der-Steckdose-Fraktion.

Tatsächlich gelten die Vorkommen an spaltbarem Material schon als weitgehend erschöpft. Beim jetzigen Planungsstand der weltweiten Reaktor-Wirtschaft sind sie bis etwa zum Jahr 2050 verbraucht und ausgebrannt. Die künstliche Anreicherung oder Wiederaufbereitung hat sich längst als wirtschaftlich untragbare Chimäre erwiesen, scheidet also aus. Tatsächlich werden wir demnach wohl noch lange Sprit haben, wenn den Reaktoren der Saft schon ausgegangen ist. Den Alternativen in der Energieproduktion rechtzeitig die Weichen zu stellen, kann also kein Fehler sein. Wenn es dafür schon den Anlass einer bedauerlichen, aber kausal passenden Katastrophe bedarf, ist der zumindest gut gewählt.

Die Fullsize-Variante von Energiewende geht allerdings um einiges weiter – bis zur kompletten Neusortierung der Ressourcennutzung bei allem, wofür es Energie braucht:

Wohnen, (Land-)Wirtschaft, Transport, Mobilität. Die Details versetzen grünglühende Zukunftsapostel schon jetzt in fiebrige Euphorie, während sie für den Durchschnittsverbraucher babylonische Rätsel bleiben. Wer sich kritisch durch einschlägige Visionen kämpft und prüft, was in der Dämmerung der Halbwissenden schon als realer Bestandteil gehandelt wird, kommt zu zwei Schlüssen:

Erstens, dass etwa die Hälfte der gepriesenen Technik noch gar nicht existiert, sich erst im Experimentalstadium befindet oder schon als unbrauchbar verworfen wurde.

Zweitens scheint das Ziel ist eine äußerlich auf Ressourcenschonung und Verteilungsgerechtigkeit ausgerichtete Weltordnung zu sein, die tatsächlich verdächtig nach Mangelgesellschaft für alle riecht.

Dagegen zu opponieren ist eine schlüpfrige Sache, schon weil die Verteidiger mit der prächtigen Begeisterung aller Bekehrten antreten. Wer dagegen ist, macht sich zumindest der Ketzerei schuldig, wahrscheinlich auch der fahrlässigen Massentötung Unterprivilegierter, und wird dafür vorsorglich im rechten Eck abgestellt. Es gibt fröhlichere Möglichkeiten, sich auszugrenzen.

Die wunschkonforme Zukunft soll etwa so aussehen: Die erste Welt, also vor allem Europa und die USA, beenden ihren Ressourcen-Raubbau. Sie stellen ihr Steuersystem auf Verbrauchs- anstatt Lohnabgaben um und ihre Energieproduktion sukzessive auf erneuerbare Quellen – auf Strom aus Wasserkraft, Windgeneratoren und Solarzellen, mit dem sie dann auch möglichst alles betreiben. Soweit gar nicht unwahrscheinlich, wenn auch mit schwankendem Zeitrahmen.

Effizienterweise verwirklichen wir gigantomanische Solarkraftwerke dann in Gegenden, in denen die Sonne meistens scheint – etwa in der nächstgelegenen Wüste. Das löst dort die Hauptmenge der gängigen Probleme, vor allem Arbeitslosigkeit, Bildungsnotstand und Hunger. Von diesem Vorbild beeindruckt vergessen die Tiger- und Drachenstaaten in Asien, warum sie so genannt werden und basteln das System in der armen Mongolei nach. Selbst Russland tut dasselbe irgendwo, in Kasachstan vielleicht. Das Wettbewerbs-System wandelt sich dank dessen schließlich zu einem sozial gerechten Verteilungsmodell mit Bürgerbeteiligung.

Alle Verbraucher werden Teil eines kontinentalen Energie-Netzwerks, das mittels digitaler Stromzähler und -melder, den so genannten Smart Grids, den Energiebedarf sekundenaktuell bewerten und regeln kann. Außerdem speist jeder Haushalt dank überall montierter Fotovoltaik-Paneele bei Nichtnutzung und Schönwetter jederzeit wieder Strom in das Netzwerk und erhält dafür Gutschriften. Ein ewiger Kreislauf von seligem Geben und Nehmen entsteht. Unnötigen Verbrauch unterbindet das System automatisch und optimiert damit seine Nutzer gleich mit.

Plastik als Erdölprodukt wird geächtet, die Mobilität komplett elektrifiziert. Geheizt wird mit Fernwärme aus Biomasse, die etwa aus der Ethanol-Produktion anfällt – die es braucht, weil einzelne Bereiche, etwa große Landwirtschaftsmaschinen, tatsächlich schwer mit Strom zu betreiben sind, aber mit Biosprit laufen dürfen. Im Kielwasser all dessen kommt auch die Agrar-Wende, also der nachhaltige, global organisierte und optimierte Nahrungsmittel-Anbau. Womit endlich alle genug und wohl auch das Gleiche zu essen, aber weniger zu transportieren haben. Die CO_2-Emissionen sinken so weltweit auf unbedenkliche 50 Prozent des heutigen Levels, die Atmosphäre heizt sich nicht mehr auf, und alle Menschen sind gesund und glücklich. Natürlich bricht als unmittelbare Folge davon der Weltfriede aus.

Vermutlich wäre das eine bessere Welt. Weil Visionen prinzipiell faktenelastisch sind, soll auch diese ruhig weiterleben. Sie als ultimative Konsequenz an die Energiewende zu heften, ist aber vorsätzlich naiv und sogar für eine belanglos dahingesprochene Phrase außerordentlich gewagt.

Der Faktencheck bestätigt, dass Europa bereits in erneuerbare Energieträger investiert. Amerika wollte das auch – zumindest, bis der Klimawandel präsidial zu Fake News erklärt wurde. Zwar erschließt sich die Sinnhaftigkeit der deutschen Praxis, die modernen, eigenen Kernkraftwerke vor Ablauf ihres Lebenszyklus abzudrehen und dafür Strom aus tschechischen Schrottmeilern zu importieren, auch nicht vollkommen. Aber Zwischenlösungen glänzen eben selten durch Reife.

Die Umstellung des Steuersystems von lohn- auf ressourcenabhängig ist prinzipiell klug, aber auch heikel. Selbst wenn in diesem Fall die leuchtende Ausnahme gelingen sollte, dass dabei nicht einfach nur eine Teuerung herauskommt: Am Ende müsste der Schwenk wieder revidiert werden, weil die vollzogene Energiewende ja schließlich lauter Niedrigzahler produziert, an denen der Staat nichts mehr verdient. Um sein Einnahmenniveau zu halten, muss er die neuen Steuern laufend wieder hochfahren, womit er den Bürgersinn für das Projekt wohl einigermaßen strapazieren würde.

Die Petro-Abhängigkeit von den geschätzten Scheichs gegen die von unbekannten Sub-Sahara-Warlords zu tauschen, indem wir in ihrem Verantwortungsbereich milliardenteure Fotovoltaik-Kraftwerke errichten, ist womöglich keine fruchtvolle Idee und löst auch kaum regionale Probleme – eher würden sie sich dadurch eiligst mehren. Abgesehen davon, dass unpraktische Faktoren wie Wüstenstürme und Sand als höchst mobiles, die Solarpaneele bedeckendes Ärgernis ausgeklammert werden. Ebenso die hohen Spannungsverluste, die transkontinentale Fernleitungen ziemlich unwirtschaftlich machen.

Der asiatische Wirtschaftsboom wird sich ebenfalls kaum von einem interkulturellen Erste-Welt-Experiment von seinem Kurs abbringen lassen. Der Raubbau an der Natur ist dort sogar kalkuliert, solange seine Auswirkungen die Volksökonomie nicht bremsen. Wenn sie erfolgreich war, so der Plan, kann sie sich immer noch um die Sanierung kümmern – und sie sich auch leisten. Für unzählige Tier- und Pflanzenarten sowie die Sterblichkeitsrate der Menschen dort hoffen wir, dass diese Rechnung aufgeht.

Das kontinentale Stromnetz ist längst Realität, nur die Smart Grids fehlen noch weitgehend. Jeder, der den düsteren Gänsehaut-Reißer »*Blackout*« von Marc Elsberg gelesen hat, darf sich vor ihrem Einsatz aber angemessen gruseln. Es muss nicht mehr darüber verhandelt werden, dass wir derzeit mit unserer Energie verschwenderisch umgehen und die Echtzeit-Steuerung satte Einsparungen bringen kann. Das Gefahrenpotenzial steigt damit zwar tatsächlich ebenfalls an – wenn auch einigermaßen kalkulierbar. Daher gehen die Smart Grids wohl letztlich doch als Pluspunkt für sinnvolle Ökologie durch.

Nicht darunter fällt der global organisierte Nahrungsmittelanbau, und sei er noch so nachhaltig – abgesehen vom völligen Fehlen jeglichen Zusammenhangs zur Energiewende. Schon die Fünf-Jahres-Pläne der Sowjetzeit waren alles andere als ein Erfolgsmodell. Gut waren sie am Ende nur für Hungersnöte und leidige Mangelwirtschaft. Es gibt keinen Anlass anzunehmen, dass es unter dem ökologischen Diktat besser funktionieren würde als unter dem des Proletariats. Und was die soziale Verteilungsgerechtigkeit angeht – die wird es in der Praxis nie geben. Als Verschenk-Modell wäre sie auch kein Fortschritt, sondern dessen Ende. Wer arme Länder nicht nur aus klugen Diskussionen schlecht informierter Schickeria-Marxisten kennt, sondern dort gelebt hat, weiß, dass ihnen vorrangig etwas fehlt, was keine wohlmeinende Umverteilung liefern kann: ein halbwegs gerechtes

Belohnungssystem und der Wille größerer Teile der Bevölkerung, sich für ein solches anzustrengen.

Die Phrase vom revolutionären Verbesserungspotenzial der Energiewende ist falsch, weil sie nicht zwischen Vision und der gelebten Realität trennt. Und von der ziemlich schlichten Annahme ausgeht, jeder Mensch wäre von Natur aus ein am Gemeinwohl interessiertes Wesen, beseelt von demokratischem Gerechtigkeitssinn. Ein aristotelischer Irrtum – auch der gute Grieche hegte diese rührige Hoffnung. Platon war näher an der Wahrheit dran: Dass der Mensch tatsächlich ein Wesen eher reptilienartiger Prägung sei, inklusive dessen überschaubarer Intelligenz. Und daher besser nicht überall mitreden sollte. Über dieses Reizthema wurden schon zahllose Werke verfasst und ließen sich noch ebenso viele weitere Abhandlungen schreiben – Tatsache ist aber, dass die Geschichte, die meisten Tages-Schlagzeilen und ein Großteil der Sendeformate von Radio und Fernsehen leider die Version Platons stützen. Und nur wenige stille Ausnahmen die Sichtweise von Aristoteles.

Die Energiewende wird sich also auf das reduzieren, was sie tatsächlich ist: auf den schrittweisen Umstieg von fossilen zu erneuerbaren Energieträgern. Bessere Menschen werden wir dadurch höchstens im Sinne des Sammelns guter Karma-Punkte. Dass im notwendigen Erlernen eines kontrollierten Umgangs mit Ressourcen auch Entwicklungspotenzial für eine gerechtere Gesellschaft steckt, ist ein frommer Wunsch. Jahre des braven Mülltrennens und sorgsamen Bio-Produkte-Kaufens haben bisher auch keine Heerscharen an gütigen Gandhis gezeugt. Der Mensch ist und bleibt ein ziemlich egoistisches Raubtier – egal, womit er heizt, kocht und fährt. Unabhängig davon, welche Phrasen er sich ausdenkt, um sich das schönzureden. ■

»Bio garantiert gesunde Lebensmittel, die tiergerecht und umweltschonend erzeugt werden«

Klingt so grandios, dass man sich sogar schon besser fühlt, ohne noch etwas davon gegessen zu haben. Bio wird damit für viele Menschen zu einem Universal-Gütesiegel, ein modernes »*Sankt*«, mindestens ebenso heilig und dazu auch noch so was von wahnsinnig gesund. Klar ist hingegen nur: Es ist zumindest besser als das, was sonst in den Regalen der großen Vertriebsketten darauf lauert, von uns verzehrt zu werden. Wer hinter allem, was die magischen drei Buchstaben zieren, schon die Idylle des sympathischen Karohemd-Bauern samt glücklich plapperndem Freilaufschweinderl sieht, irrt aber. Das Imperium der landwirtschaftlichen Massenproduktion schlägt auch hier längst zurück. Tatsächlich sollten wir Bio also eher als einen guten Ansatz betrachten, den es dringend weiterzuentwickeln gilt.

Die Bio-Bewegung ist tatsächlich älter, als die meisten Menschen meinen. Sie hat sogar so etwas wie ein Geburtsdatum, zumindest symbolisch, und noch dazu eines mit rot-weiß-rotem Mascherl, nämlich Pfingsten 1924. Da hält der vielseitig schillernde Österreicher Rudolf Steiner im schlesischen Koberwitz, heute Kobierzyce, eine Vortragsreihe zum Thema Landwirtschaft. Aufbauend auf der von ihm begründeten anthroposophischen Weltanschauung – ein etwas wilder Mix aus Idealismus, Naturwissenschaft, Spiritualität und Esoterik, dazu noch gewürzt mit einer tüchtigen Prise Goethe-Anbetung und etwas fernöstlicher Mythologie. Damals in erlesenen Kreisen aber durchaus populär, eventuell auch wegen der sanft-antisemitischen Nebengeräusche darin. Jedenfalls erklärt der aufrechte Steiner bei diesem Anlass den Zusammenhang aus naturorientiertem, landwirtschaftlichem Kreislauf und der positiven Auswirkung gesunder Ernährung mit so gewonnenen Produkten auf den

Menschen. Gerade noch rechtzeitig, da er schon neun Monate später unvorhergesehen stirbt – unter den wahrscheinlichen Todesursachen liegt pikanterweise bis heute ausgerechnet eine Lebensmittelvergiftung gut im Rennen. Parallel gab es aber etwa auch mit der Schweizer Bauernheimatbewegung schon andere ernsthaft kritische Regungen gegen die Industrialisierung der Landwirtschaft.

Im Krieg und in der Nachkriegszeit war die Sorge, überhaupt etwas zu essen zu haben, größer als die, wie gesund die Nahrung ist. Die Renaissance erfährt der organisch-biologische Anbau erst in den 70er-Jahren, als langhaarige Hippies den höheren Wert des Landlebens entdecken, antikapitalistische Kommunen gründen und dort die Freiheit von Anbau, Liebe und Kiffen postulieren. Und dem Bio-Thema damit unfairerweise eine hartnäckige Jesus-Sandalen-Punzierung verpassen, die es in breiten Bevölkerungskreisen selbst heute noch nicht los ist.

Denn trotz des positiven Interesses von immer mehr Menschen und jährlich zweistelligen Zuwachszahlen bei den Umsätzen darf nicht unterschätzt werden, dass ausgerechnet Bio bei nicht allzu hellen Geistern nach wie vor den Nimbus von schlecht, schmutzig, fad und tatsächlich sogar ungesund hat. Was für die meisten, deren Interesse an grünen Basics zumindest so weit gediehen ist, dass sie unter anderem in diesem Buch lesen, erschütternd klingen mag. Falls das gerade der Fall ist, liegt es am weit verbreiteten Fehler, das eigene Lebensumfeld samt seiner Normierung für den Pool zu halten, in dem ohnehin die Mehrheit schwimmt.

So sehr Bio auch in den Köpfen vieler Menschen angekommen sein mag, so sehr sollte dort auch die Gewissheit herrschen, dass der Kompass des Großteils der Bevölkerung immer noch ganz anderen Reizen folgt: hauptsächlich dem Preis, der Menge und dem vermeintlich besseren Geschmack, den künstliche Aromaverstärker über Jahre geprägt haben.

Ein selbst gemachter Sugo aus frischen Tomaten wird bei diesen Menschen gegen die geschmacksgepimpte Fertigvariante leidenschaftlich abstinken, weil sie das unverfälschte Aroma von echten Tomaten gar nicht erkennen, geschweige denn schätzen. Und jeden, der sich die Arbeit der eigenhändigen Herstellung antut, ohnehin für einen Spinner halten – bestenfalls. Die Schizophrenie der Gesellschaft in dieser Sache dokumentiert am prächtigsten, dass wir einerseits Scheibenreiniger mit Bio-Zitronensaft haben, andererseits aber künstliches Zitronat in Speisen. Und die Konsumenten von beidem ihre jeweilige Variante für die selbstverständlichste halten.

Mit den steigenden Absätzen wächst auch die Zahl der Betriebe, die Bio weniger als gesamtheitliches Konzept umsetzen, sondern lediglich ihre industriellen Standards punktgenau auf Linie mit den entsprechenden Anforderungen bringen. Daraus ergibt sich eine unerfreuliche Spirale: Je mehr Menschen biologische Produkte kaufen, desto industrieller muss deren Herstellung erfolgen, um den Bedarf zu decken.

Mit dem eigentlichen Bio-Gedanken hat es allerdings höchst wenig gemein, wenn der Auslauf, den eine bestimmte Anzahl von Hühnern laut Vorschrift haben soll, in zentimetergenau abgemessenen Gehegen bereitgestellt wird, von denen sich dann erst recht eine unüberschaubare Zahl aneinanderreiht. Ebenso die Mindestmenge Sand, die den Hühnern EU-kommissionell zum Scharren zugesprochen wurde, oder die Minimallänge der Sitzstange zum Schlafen. Das gleiche gilt für jede Art von sonstiger Viehhaltung, für den Einsatz von Medikamenten und nicht zuletzt den Auflagen der Schlachtung, für die Tiere humanerweise nur vier anstatt vierzig Stunden in einem Viehtransporter Richtung Tod reisen dürfen. Und trotz des Booms liegt der Anteil von sogenannten Bio-Schlachtungen gemessen am Gesamtvolumen derzeit gerade einmal bei etwa einem Prozent.

Etwas besser verhält es sich bei den Anbauflächen: Über 20 Prozent davon werden in Österreich bereits biologisch bewirtschaftet. Der meist deutlich geringeren Erträge wegen dürfte der Anteil beim Output allerdings nur etwa die Hälfte dieses Prozentsatzes betragen. Widersinnig wird das System aber auch hier spätestens dann, wenn nach biologischen Richtlinien Monokulturen angelegt werden. Erst recht, wenn es sich dabei um Pflanzen ohne eigene Reproduktionsfähigkeit handelt – der Sicherung des Bio-Saatguthandels zuliebe.

Erfreulich ist der dennoch im Vergleich zu anderen Ländern in Österreich vergleichsweise hohe Bio-Anteil aber in jedem Fall für die Lebewesen, die wir möglichst nicht essen wollen, aber brauchen, damit überhaupt etwas fruchtet: Die von den Pestiziden in der herkömmlichen Landwirtschaft dezimierten Insekten, und hier vor allem Bienenbestände, erholen sich in Gebieten mit hoher Dichte an Bio-Bewirtschaftung merkbar.

Die Landwirtschaft hat sich aber nicht geändert, nur weil an ihrem Horizont ein wenig die Bio-Sonne scheint. Auf der dunklen Seite ihrer Macht findet ökologisches Denken bis heute so gut wie keinen Widerhall. Das herrschende Genossenschaftswesen ist unverändert auf kurzfristige Gewinnmaximierung ausgerichtet, was in etwa meint: für heuer. Investitionen in eine bessere, gesündere Zukunft kommen in diesem Businessplan praktisch nicht vor. Es ist dafür auch keine aufwändige Lobby-Arbeit notwendig, für die damit beauftragte Schnösel mit schicken Anzügen in Ministerien versehentlich Kuverts verlieren – die konservative Landwirtschaft selbst ist bereits Lobby, Genossenschaft, Bank und Ministerium in Personalunion.

Mit dem Einsickern von Bio als verallgemeinerte Gebrauchsformel steigt die Inflation in der Wahrnehmung. Schlaue Marketing-Strategen haben das erkannt und feiern die Öko-Travestie: Erdbeeren in einer schlichten Holzkiste, Eier auf

Stroh in einem braunen Recycling-Karton – Bio-Look für Ware aus garantiert nicht-biologischer Massenproduktion. Und obwohl mehr oder weniger frisch aus der Pestizid- und Tierleid-Hölle geliefert, der Kunden-Wahrnehmung erfolgreich als ökologisch wertvoll untergejubelt. Vielleicht mit fantasievollen Agrarwirtschafts-Gütesiegeln versehen und als Gen-frei gekennzeichnet, was aber kaum etwas anderes ausdrückt, als dass sich die Lieferanten an die heimischen Lebensmittel-Gesetze halten. Als würde ein Mediziner einen Button am weißen Kittel tragen, auf dem *»Med-Uni-ausgebildet«* steht. Auch was noch so sehr nach Bio aussieht, aber kein EU-Siegel trägt, nämlich das stilisierte Blatt aus Sternen samt EU-Bio- Signatur und Kontrollstellennummer, ist es auch nicht.

Als stellvertretendes Beispiel für eine gelungene Bio-Charade darf hier das Mode-Lockwort *»Heumilch«* herhalten. Abgesehen von der Redundanz, die dem Begriff innewohnt, weil eine Kuh nun einmal natürlicherweise Heu frisst – oder es zumindest sollte – und Milch gibt, was also nicht erst extra so benannt werden müsste – ähnlich, wie *»Wasserfisch«* oder *»Eishagel«*. Es gibt zwar sehr wohl auch bei den großen Ketten Anbieter mit Bio-Heumilch-Produkten, die Mehrheit tarnt freilich nur mit einem marketingtauglichen Mix aus urig-modernem Look und ein paar Low-Level-Gütesiegeln herkömmliche Massenware mit einem Pseudo-Bio-Image. Gekauft wird sie trotzdem – meist wahrscheinlich im vollen Bewusstsein, sich damit etwas besonders Gutes und Gesundes zu tun.

Andererseits ist eben diese Zertifizierungs-Neurose auch die Schattenseite der Bio-Medaille. Einige der Anforderungen scheinen insgesamt unzeitgemäß niedrig – immerhin stammt ein großer Teil aus den frühen neunziger Jahren und wurde seitdem kaum angehoben. Dass etwa das durch seinen Raub-Anbau längst sogar auf planetarer Skala katastrophale Palmöl bis heute als Zutat in Bio-Produkten zugelassen ist, spricht Bände über den Aktualitätsgrad des Labels. Immerhin streichen Vermarkter das Palmöl inzwischen freiwillig aus ihrer Lieferkette, wenn es die EU schon nicht tut.

Manche Anforderungen sind dagegen für kleinere Betriebe kaum zu erfüllen, und wie jedes Normierungs-Diktat ist auch dieses arm an Spielräumen. Ein Bauer, der seine Hühner einfach frei auf der Wiese laufen lässt, aber die schon angesprochene EU-Norm für Scharr-Flächen und ähnlich bürokratisiertes Hühnertum nicht erfüllt, hat zwar glückliches, kerngesundes Federvieh, aber kein Bio-Siegel. Der gute Landfleischhauer, der nur die Tiere von kleinen Höfen aus der Umgebung schlachtet, die fast ganzjährig draußen auf den Wiesen leben und frisches Gras fressen, bietet womöglich nicht zertifiziert gesünderes Fleisch als das schick aufgemachte Bio-Kühlregal des Handelsriesen, das nach Mindeststandard normiert wurde. Für die Massenversorgung gibt es dazu dennoch keine Alternative – Millionen von Stadtbewohnern können nun einmal nicht allwöchentlich die ländlichen Hofläden stürmen, um sich mit gesunden Nahrungsmitteln einzudecken.

Wer seine Einkäufe aus biologischen Rohstoffen deckt, kann den Eingangssatz zu diesem Kapitel für sich gelten lassen. Spätestens, wenn es um Bio-Fertigprodukte geht, wird das aber fraglich. Die Marmeladen, Saucen oder sogar Fertiggerichte werden natürlich ebenso industriell hergestellt, und ihr Inhalt muss auch nur zu 95 Prozent Bio-Kriterien entsprechen. Und die restlichen fünf? Auch, wenn die Liste der erlaubten Zusatzstoffe nur 40 anstatt von 400 bei Nicht-Bio-Produkten enthält, ist das immer noch beeindruckend viel Zeug, das da eigentlich nicht drin sein müsste. Wer nicht bloß Teil der grünen Bio-Farce sein möchte, muss sich also damit abfinden, dass Fertigprodukte in seinem Einkaufswagen nichts verloren haben. Echt Bio kann nur heißen, selbst aus landwirtschaftlichen Roh-Produkten zu kochen.

Ebenfalls nicht verstanden hat den Sinn hinter diesem Begriff, wer seinen Schrank mit Bio-Produkten aus der halben Welt befüllt – hier sind wir wieder beim bio-organischen Räucherlachs aus Norwegen oder auch dem chilenischen Bio-Spargel und dem chinesischen Rundum-Glücklich-Bio-Tee, auf deren Transportwegen jede ökologische Sinnhaftigkeit zerbröselt. Nicht, dass ihr Genuss damit ungesünder würde. Echt Bio meint aber nun einmal mehr und macht idealerweise nicht an der Grenze eines Themenfeldes – wie etwa *»gesund«* – halt.

Wer einfach nur möglichst komfortabel das Komplettangebot der Bio-Industrie abgreift, lebt zwar sicherlich gesünder als der Konsument von unbiologischem Fertigfraß, hat aber immer noch einiges Qualitätspotenzial nach oben. Und muss sich dennoch keinem sandalentragenden Öko-Kollektiv anschließen oder zum nervtötenden Weltbekehrer mutieren, um es zu finden: Öfter nachdenken, hinterfragen, prüfen und sich selbst ein Bild machen reicht dafür schon aus. Es ist garantiert keine leichte Aufgabe, sich biologisch-gesund zu ernähren. Andererseits: Was genau ist wichtiger als das, was wir essen und trinken? ■

Epilog

Alle Punkte, um die es in diesem Buch geht, lassen sich zuletzt auf einen Umstand reduzieren: Wir sind zu viele. Zu viele, die zu viel wollen und müssen. Zu viel produzieren, konsumieren, handeln, unterwegs sind. Schon jetzt überleben wir mit unseren Ansprüchen nur, weil ein großer Teil der fast 7,5 Milliarden Menschen noch kaum welche hat – außer, möglichst zu überleben. Unser ganzes System ist auf ewiges Wachstum und ständige Steigerung ausgerichtet. Zwar haben wir das brav von der Natur abgekupfert, in der ebenfalls jede Art vordringlich auf ihre Vermehrung ausgerichtet ist – nur eben ohne die natürlichen Feinde, die uns auf ein verträgliches Maß regulieren. Da es sonst niemand macht, sind wir also auf dem besten Weg, uns auf ziemlich komplizierten Umwegen selbst aus dem Rennen zu schießen. Niemand soll sagen, die Natur hätte keinen Hang zum Zynismus.

Jede Religion, Regierung, Partei, jedes Unternehmen, nicht zuletzt unser Wirtschafts- und das Pensionssystem sind auf ständigen Zuwachs ausgerichtet: mehr Gläubige, mehr Steuerzahler, mehr Wähler, mehr Konsumenten, mehr Beitragspflichtige. Natürlich hat unser Vorwärtsdrang uns erst so weit gebracht, wie wir jetzt sind – die Frage ist nur: Wollten wir dort hin? Der Geburtenrückgang in der westlichen Welt wird als große Problematik der Zukunft gehandelt, der es mit allen Mitteln entgegenzutreten gilt: mit höherer Kinder- und Familienbeihilfe, zusätzlichen Arbeits- und Steuererleichterungen, fabelhaften Förderungsanreizen. Wenn das alles nichts mehr hilft, eben Zuwanderung. Wir vermehren uns zielsicher in den Abgrund. Massentierhaltung ist ein Problem, aber ein weit größeres ist die Massenhaltung von Menschen.

Wenn schon das eine Viertel der Weltbevölkerung, das einen mehr oder weniger modernen Lebensstandard erreicht hat, damit drei Viertel der Ressourcen beansprucht, wo sollen die weiteren drei Mal Dreiviertel herkommen, die der Rest eines Tages benötigen wird? Die wunderbare Jane Goodall hat es schon vor längerer Zeit so formuliert: »*Wenn alle den gleichen Lebensstandard hätten wie der Durchschnitts-Europäer oder -Amerikaner, wir würden sechs Planeten brauchen.*« Der eine, der uns ärgerlicherweise nur zur Verfügung steht, könnte rein rechnerisch etwa 40 Milliarden Menschen ernähren – mit ertragsoptimiertem Anbau von genetisch getunten Futterpflanzen, Mindestkalorienmengen und Rationszuweisung.

Tatsächlich wäre das aber eine Welt, in der keiner von uns leben wollen würde. Was entsetzlich arrogant ist, weil eine ähnliche Art von Basis-Existenz schon heute für viele triste Realität ist. Aber sicherlich kein Anlass, sie als systemischen Imperativ auf die gesamte Menschheit auszurollen, nur damit wir die globale Populationsstärke halten und noch steigern können. Natürlich ist die Annahme naheliegend, dass sich das Bevölkerungswachstum von selbst regulieren würde, wenn erst einmal alle unterprivilegierten Massen den Nektar des Wohlstands gekostet haben und lieber dessen Segnungen frönen als der Vermehrung. Aber schon für den Weg dorthin reichen die Ressourcen nicht – weder die an Rohstoffen auf der Erde noch in der Atmosphäre rundherum, in der die Emissionen dieser globalen Prosperität unweigerlich landen. Abgesehen davon, dass gehobener Lebensstandard ebenso wenig ein Exportgut ist wie Demokratie, Ökonomie oder Gleichberechtigung. Sondern bestenfalls ein Ergebnis dieser drei, wenn sie sich denn osmotisch etablieren konnten. Wir haben dafür bittere Jahrhunderte der Rückschläge und des schrittweisen Annäherns gebraucht – und selbst heute stellen so manche Wahl- oder Abstimmungsergebnisse in Frage, ob wir es überhaupt geschafft haben. Das großzügige Kopieren unserer Segnungen auf völlig anders tickende Gesellschaften hat denen nicht nur oder vielleicht auch kaum Gutes gebracht – und wird es auch weiterhin nicht tun. Eine Grundproblematik, an der sich das Thema Entwicklungshilfe bis heute ebenso hartnäckig verkantet wie ein Großteil der Weltpolitik.

Die Selbstgeißelungs-Fraktion hat aber sicherheitshalber schon ihre Büßergürtel gewachst und harrt der Stunde ihres Einsatzes. Die ewige katholische Mär vom Leiden und Büßen, durch das wir todsicher das Himmelreich ansteuern, feiert ihr fröhliches Revival im radikalen diesseitigen Umverteilungs-Mythos: Erst wenn es allen gleich schlecht geht, wird endlich alles gut. Der chronische Gewissens-Komplex löst ebenso wenig Probleme wie die Piranha-Kultur als ihre prekaristische Antipode. Wenn der Teil der Welt, in dem nicht nur die Ressourcen verbraucht, sondern auch Wissenschaft, Forschung und Entwicklung daheim sind, sich im Namen der Verteilungsgerechtigkeit selbst stranguliert, bis er unweigerlich auch sein kreatives Potenzial miterdrosselt, ist jedenfalls niemandem geholfen. Es zielgerichtet für sinnvolle Projekte einzusetzen, dagegen für alle effizienter. Ein Tipp: Bums-mich-Apps und Online-Städtebau-Spiele gehören nicht dazu.

Natürlich können wir den Straßenverkehr in den Metropolen nicht ungebremst wuchern lassen – wenn wir schon nichts dagegen unternehmen, dass die Städte selbst das tun. Ein echtes Verkehrskonzept hat aber bis heute keine Kommune zustande gebracht, sofern ein Flickwerk aus Verboten und Provisorien nicht als solches durchgehen soll. Sinnvolle Lösungen scheitern an regionalen Vorlieben, politischer Trotzigkeit und Gruppenegoismen. Im Match Meinungshoheit gegen Lösungskompetenz sind Fakten selten eine Mess-Einheit. Emissionen lassen sich nicht durch Verdrängung des Straßenverkehrs reduzieren, sie werden nur mit ihm gemeinsam anderswohin verschoben. Statt Alternativen haben wir also

Restriktionen, statt echten Maßnahmen kindische Blockaden. Ein erheblicher Anteil an der Gesundheitsbelastung der Bevölkerung kommt nicht aus den Auspuffen, sondern den Rathäusern und Parlamenten, wo ökologische Tatsachen als politische Kleingeld-Währung gehandelt werden. Schlimmer hätte es kaum kommen können.

Das emsige Bemühen ums Vermeiden beruhigt zweifellos – es wird ja eh so viel getan, damit nichts passiert. Gegen das grelle Licht der Fakten betrachtet ist das Bild aber in etwa das eines Menschen, der schon ins Stockwerk seines Hauses ausweichen musste, weil das Erdgeschoss längst überflutet ist, sich aber immer noch Gedanken darüber macht, wie er den Dammbruch verhindern kann – anstatt darüber, wo und wie er künftig wohnen soll. Es wäre also dringend an der Zeit, sich intensiv damit zu beschäftigen, wie wir mit den Folgen des Klimawandels umgehen – anstatt mit der Illusion, ihn aufhalten zu können. Selbst, wenn eine sanfte Milderung der Auswirkungen noch gelingen sollte: Landwirtschaft, Bewässerungstechnik, Hochwasser- und Unwetterschutz, Schädlingsbekämpfung, Medizin und Energiewirtschaft werden sich neu ausrichten und mächtig anstrengen müssen. Sie sollten damit lieber schon heute als erst morgen beginnen. In der Begeisterung über die Digitalisierungs-Blase geht unter, dass der gewinnbringendste Wirtschaftszweig schon bald jede Form von Umwelt-Technik sein wird – weil sie künftig überhaupt erst ein Leben ermöglicht, in dem wir das nette digitale Spielzeug noch benutzen können.

Wie es passieren soll, dass wir auf humane und sozialverträgliche Art weniger werden anstatt ständig mehr, ist ein gordischer Knoten von epochalem Ausmaß. Welche Partei soll damit wahlkämpfen? *»Freundschaft! (statt Familie)«* zieht als Plakat-Spruch wohl nicht, obwohl uns in Vorwahlzeiten auch schon Abstruseres präsentiert wurde. Der dogmatische

Spagat ist auch keine Disziplin, in der Religionen besonders gut sind. Erst haben wir Gott erschaffen, um dem Wunder des Lebens eine urheberrechtliche Legende umzuschnallen – damit wir es nun möglichst unterbinden? Ein Update von Leitsätzen, etwa in »*Furchtbar, ihr vermehret Euch*« wird sich kaum durchsetzen, so sehr er auch die Realität wiedergibt. In Spiritus Anti, Samen.

Wir werden also aller Wahrscheinlichkeit nach scheitern. Jemand, der weiß, wie wir es schaffen, wäre tatsächlich Gott. Oder würde es mindestens verdienen, so genannt und behandelt zu werden. Aber zumindest, mit welchen Mitteln wir es nicht schaffen, ist klar: Tempo 30-Zonen gehören nicht dazu, militanter Vegetarismus ebenso wenig, auch kein wehmütiges Beschluchzen eines vermeintlich verlorenen Paradieses. Nicht das Glorifizieren der digitalen Revolution oder der Energiewende, so essenziell beide auch sein mögen, und ein künstlich gehyptes Batterie-Wunder auf vier Rädern schon gar nicht.

Noch weiter entfernen wir uns von einer Lösung, wenn wir uns mit ideologischen Schattenspielen auf falsche Fährten locken lassen und diesen dann möglichst lang und innig folgen. Auch eine sich im Halbwissen sonnende Öko-Schickeria, die sich im Herabsehen mit milder Verachtung auf den Rest gefällt und ihre Abneigung hinter dem Feindbild Automobil verortet, trägt dazu garantiert gar nichts bei.

Die Möglichkeit, die Kurve letztlich doch noch zu kriegen, besteht zumindest theoretisch wenn wir die Fakten kennen, korrekte Schlüsse ziehen und danach handeln. Jeder für sich und nach seinen Möglichkeiten und hoffentlich auch kollektiv-schlau, falls das überhaupt möglich ist. Wir sollten uns diese Chance jedenfalls durch keine noch so praktische Phrase, mit der wir es uns gemütlich eingerichtet haben, verbauen. ■

Danksagung

Danksagungen in Büchern sind vor allem sozialpathologisch interessant. Meist legen sie eine Diagnose irgendwo zwischen Eitelkeit und Vereinsamung nahe. Um dieser Beurteilung zu entgehen, habe ich mich bei den vielen Menschen und dem Tier, die dieses Buch ermöglicht und daran – ob sie nun wollten oder nicht – mitgearbeitet haben, lieber persönlich bedankt. Daher kann ich diesen Sermon hier unterlassen, ohne unhöflich zu wirken.

Denjenigen, die mich darin unterstützt haben, Schreiben zu meinem Beruf zu machen, bin ich ebenso zu Dank verpflichtet. Und auch denen, die das für völligen Schwachsinn hielten. In meinem Vorhaben bestärkt haben sie mich alle gleichwertig.

Weil es in den meisten Fällen anders kaum möglich ist, danke ich an dieser Stelle auch allen, die mit ihren hohlen Phrasen und haltlosen Standardsätzen dieses Buch inspiriert haben: den eifrigen Besser-Menschen und eitlen Sofa-Revoluzzern mit ihren Überlegenheits-Komplex und ihrer moralischen Entrüstung über alles, was nicht in ihren Meinungs-Raster passen will. Danke, dass es euch gibt. Es heißt, eine freie Gesellschaft erkennt man daran, dass sie nervt. Also ist es ok, wenn sie das tut.

Quellen-Nachweis

Welchen Sinn hat es, seriöse Quellen und Verweise zu wissenschaftlichen Publikationen aufzulisten, wenn deren Inhalt von Menschen, die weniger wissen als die jeweiligen Verfasser, aus Prinzip angezweifelt wird? Nichts ist leichter, als einer realitätsfernen, dafür aber ideologiekonformen Studie oder Beobachtung mit einem akribischen Quellenverzeichnis einen fachlichen Anstrich zu verpassen – auch, wenn dort statt wissenschaftlichen Arbeiten nur unsachliche Meinungsäußerungen angeführt sind. Die Qualität der Quellen prüft niemand, die Gültigkeit entsteht durch das äußere Scheinbild. Es zahlt sich nicht aus, mit diesem Usus in Wettstreit zu treten. Fake schlägt Fakt und Meinung Wissen – ob im Internet-Forum, am Stammtisch oder in der Politik.

Ohne Anspruch auf Vollständigkeit sei der lieben Ordnung willen angeführt, dass die Fakten, die in den Kapiteln dieses Buches benannt werden, beispielsweise aus Studien der Technischen Universitäten Wien und Graz stammen, von der Universität Stuttgart oder vom amerikanischen *»National Institute of Health«*. Andere wurden etwa in Nature, Science oder gleichwertig glaubwürdigen Publikationen beschrieben und von den Wissenschaftsredaktionen seriöser Medien übernommen. Einige stammen von ernsthaften Umweltschutz-Organisationen, deren Arbeit unbedingt bewundernswert ist.

Wer sich dafür interessiert, findet auf den nächsten Seiten einen informellen Überblick über diese Quellen und ist dazu eingeladen, selbst nachzuforschen, sich in die Themen einzulesen, weitere Informationen zu finden und Schlüsse zu ziehen – wie auch ich es getan habe. Und mögen es am Ende nicht exakt dieselben sein – was wahrscheinlich ist –, bleibt in jedem Fall die Wertigkeit und Erfahrung des höchst eigenen Erarbeitens eines Wissensstandes anstatt des Absingens gängiger Meinungsphrasen im Lala-Land der Gleichgesinnten. Als Warnhinweis sollte hier eingefügt werden, dass Sie sich damit wahrscheinlich unbeliebt machen werden. Aber ich hoffe, es macht Spaß!

Phrase 1: *„Zur Erreichung der Klimaziele muss der Individualverkehr eingeschränkt werden"*

- Climate Service Center Germany 2.0
- Bundeszentrale für politische Bildung Deutschland
- Statista Statistik-Portal, Veröffentlichungsstand 2017
- Arbeitskreis der Automobilimporteure Österreich
- Statistik Austria
- Berechnung durch Bus-Einsatz, erh. Infrastruktur und Stromimporte
- Naturschutzbund Deutschland
- DK-Group Marine Industry Innovators
- Die Welt, 14. 8. 2013

Phrase 2: *„Schon unsere Vorfahren waren Vegetarier"*

- J. Haußleitner: Der Vegetarismus in der Antike, Berlin 1935
- E. Krebs: Paviane, 2010
- National Institute of Health, Bethesda USA
- Wiener Zeitung, 12.9.2000
- Die Zeit Nr. 39/2016, 15. September 2016 mit Bezug auf Science

Phrase 3: *„Die digitale Revolution wird eine bessere, saubere Welt schaffen"*

- Periodensystem
- Mineral Commodity Summaries, Rare Earths 2016
- E. Riedl: Anorganische Chemie
- Solvay Report, 2015
- Die Zeit 5/2017, 26.1.2017
- Bay Area Air Quality Management District, Toxic Air Containment, Annual Reports
- FAZ, 13.1.2018

Phrase 4: *„Umweltzonen tragen maßgeblich zur Hebung der Luftqualität bei"*

- Standards der NIH, USA und der EU Gesundheitskommission
- Deutsches Bundesumweltministerium

- European Pollutant Release and Transfer Register
- Studie der TU Graz „Auswirkungen der Umweltzone Variante 3 auf Verkehrsaufkommen und KFZ-Emissionen im Sanierungsgebiet Großraum Graz“, 2012
- Universität Stuttgart, Institut für Feuerungs- u. Kraftwerkstechnik, 2010
- Deutsches Ärzteblatt, 4.8.2017
- Zitat Manfred Lucha, Umweltminister Baden-Würtemberg (Die Grünen)

Phrase 5: *„Umweltschutz und Fleischkonsum vertragen sich nicht“*

- K. Weiß, Geschichte der Stadt Wien, 1872
- Wiener Zeitung, 4.4.2008

Phrase 6: *„Bevor es Autos gab, waren unsere Städte viel lebenswerter“*

- www.victorianweb.org
- J. F. Heyfelder: Die Cholera in Frankreich

Phrase 7: *„Die Motorisierung Asiens potenziert die weltweite Umweltbelastung“*

- Statistiken zum weltweiten Kfz-Bestand, statista.com
- Verband der Automobilindustrie Deutschland
- Emissionsgrenzwerte nach Schadstoffklassen der EU

Phrase 8: *„Das Elektroauto ist die sofortige Lösung für eine saubere Mobilität“*

- Report des Schwedischen Umweltforschungsinstituts & Transportminsterium Schweden, basierend auf 40 weiteren Studien, August 2017

Phrase 9: *„Die Energiewende wird auch die Gesellschaft revolutionieren“*

- OECD Nuclear Energy Agency

Phrase 10: *„Bio garantiert gesunde Lebensmittel, die tiergerecht und umweltschonend erzeugt werden“*

- H. Zander, Anthroposophie in Deutschland, 2007
- Die Presse, Panorama, 10. 6. 2016
- Bundesministerium f. Arbeit. Soziales, Gesundheit u. Konsumentenschutz
- EU-Bio-Verordnung
- EU-Qualitätsregelungen-Durchführungsgesetz

Von Agnelli bis Piëch, von Borgward bis Winterkorn

€ 24,90

ISBN 978-3-9503235-4-2

Erhältlich in allen Buchhandlungen und Online-Buchshops

Lebensgeschichten & Hintergrundstorys aus der Automobilbranche
Mit zahlreichen Fotos

Was hat ein sizilianischer Schuhmacher Wichtiges für den Rennsport erfunden? Ist Ferdinand Piëch wirklich der böse alte Mann im Halbdunkel der Macht? Welches Wiener Wunder hat BMW gerettet? Wie ging Borgward in Konkurs, ohne pleite zu sein? Ist Martin Winterkorn schuldig oder unschuldig am Dieselskandal? Wie kam ausgerechnet der Erzkapitalist Giovanni Agnelli dazu, in der UdSSR Autos zu bauen? Was wurde aus Ignacio López, dem *»Würger von Wolfsburg«*? Wieso ist Michèle Mouton, die schnellste Frau der Welt, nie Weltmeister geworden? Und wer hat eigentlich den Scheibenwischer erfunden?

gefco verlag

Stefan Pabeschitz, geboren 1968, lebt und arbeitet als Journalist, Kolumnist und Autor in Mödling bei Wien, am günstigen Schnittpunkt von Stadt- und Landkultur, wo es noch guten Kaffee und schon sehr guten Wein gibt.

Mit seinen Kolumnen hat Pabeschitz bereits handfeste Skandale aufgezeigt, parlamentarische Anfragen ausgelöst und scheinbar honorige Institutionen in Bedrängnis gebracht. Nicht selten haben gerade Umweltthemen dabei eine maßgebliche Rolle gespielt – schließlich begleiten sie uns heute mehr oder weniger überall. Ständig wird dazu etwas gesagt oder gemeint. Aber hält das Standardrepertoire an grünen Phrasen einem Faktencheck stand?

Die Wahrheiten sind oft simpler, wenn auch nicht komfortabler. Es zahlt sich aber allemal aus, sie zu kennen.